ESPECIES CON AMNESIA: NUESTRA HISTORIA OLVIDADA

Robert Sepehr

Impreso en los Estados Unidos de América

Primera impresión, 2016

ISBN: 978-1-943494-06-4

Atlantean Gardens
5334 Lindley Ave #133
Encino, CA 91316

www.AtlanteanGardens.org

Tabla de contenidos

Introducción

Civilizaciones altamente avanzadas han estado aquí antes que
nosotros, sólo para ser destruídas por alguna gran catástrofe global.
Pero, por cada raza que ha muerto, otra ha tomado su lugar, con
unos pocos seleccionados manteniendo los recuerdos y conocimientos
sagrados de la raza pasada. En nuestra vanidad, pensamos que hemos
descubierto algunas de las grandes verdades de la ciencia y la tecnología,
pero de hecho estamos comenzando a re-descubrir la profunda sabiduría de
las civilizaciones pasadas. En muchos sentidos, somos como *Especies en
Amnesia* en despertar, anhelando el recuperar nuestro pasado olvidado.

Capítulo 1

Los expertos en los principales medios de comunicación constantemente nos aseguran que la ciencia ha, en cada sentido, resuelto los misterios básicos con respecto a los orígenes de la humanidad. Los académicos insisten en que somos la relativamente reciente culminación de un proceso gradual de mutaciones al azar a través de un único mecanismo llamado selección natural, primero propuesto por Carlos Darwin hace alrededor de 150 años.(23) Esta teoría describe una progresión generalmente lineal de mono arborícola a humano bípedo, pasando de pro-simio (pre-mono), a mono, al gran simio, y, finalmente, a humanos.(10) Sin embargo, a cómo la ciencia moderna va haciendo más y más avances en los campos iluminados de la genética humana y la arqueología, encontramos que nuestra explicación más célebre de cómo el hombre llegó a ser, ya no es adecuada. Los museos, los productores de documentales y las escuelas contratan paleo-artistas, armados con pinceles, para producir versiones imaginarias de estos antepasados evolutivos directos de la humanidad: nuestros supuestos parientes simiescos.

El hecho de que éstas obras de arte no coincidan con ningún fósil debería constituir un serio problema para los antropólogos formalmente educados que insisten en el modelo de "mono-a-hombre" del origen humano. La falta de correspondencia no demuestra que la teoría sea necesariamente falsa, pero es justo señalar que lo que se muestra en los medios de comunicación, no aparece, con demasiada frecuencia, en los registros arqueológicos.

Un método interesante y creativo que algunos "escolares" han empleado para superar éste problema, es el "producir" los fósiles que no han encontrado. El Hombre de Piltdown, posiblemente el mayor escándalo en la historia de la ciencia, es probablemente el ejemplo más infame en la falsificación y la fabricación de nuestra prehistoria.(25)

Charles Dawson era un arqueólogo aficionado que vivía en el sur de Inglaterra, cerca de Sussex. En 1889, Dawson co-fundó la Asociación del Museo Hastings & St Leonards, uno de los primeros grupos de amigos de los museos establecidos en la Gran Bretaña. Se ofreció como voluntario, como miembro del Comité del Museo, para hacerse cargo de la adquisición de artefactos y documentos. Después de varios hallazgos, pronto fue elegido como miembro de la Sociedad Geológica y, unos años después, de la Sociedad de Anticuarios de Londres en 1895.

En 1908, se dice que unos obreros se presentaron ante él con unos curiosos fragmentos de huesos, los que afirmaron haber encontrado mientras trabajaban en una cantera de grava, cerca de la ciudad de Piltdown. El descubrimiento despertó el interés de Dawson, y pronto comenzó su propia excavación en el foso. Dawson encontró otros fragmentos del cráneo y los llevó a Arthur Smith Woodward, el encargado del departamento de geología en el Museo Británico. Muy interesado por los hallazgos, Woodward acompañó a Dawson al sitio, donde entre junio y septiembre de 1912 se recuperaron más fragmentos del cráneo y la mitad del hueso de la mandíbula inferior. Dada a la proximidad de los fragmentos del cráneo y la mandíbula entre sí, Dawson concluyó que pertenecían juntos, como parte del mismo cráneo.(14)

Este fue un hallazgo inusual, ya que cuando se combinan, el cráneo muestra características de hombre y mono. La mandíbula era tipo simiesca, mientras que los fragmentos superiores del cráneo eran definitivamente humanos. Si los fragmentos de la mandíbula y el cráneo vinieron de la misma criatura, entonces, habían encontrado el "eslabón perdido".(14,25) Ese es el término dado a las especies en transición que los darwinistas esperan para llenar la brecha evolutiva en el registro fósil entre el hombre y sus antepasados simios.(10)

En diciembre del 1912, Woodward mostró una reconstrucción del cráneo en una reunión de la Sociedad Geológica de Londres. Él argumentó que era el cráneo de un hombre, a quien llamó el Hombre de Piltdown, por el lugar donde había sido encontrado. Además, sostuvo que se trataba de un ser humano que había vivido hace cerca de medio millón de años, durante el período del Pleistoceno Inferior. Fue catalogado rápidamente por los principales medios de comunicación como el "eslabón perdido" entre los humanos y los grandes simios.(25)

(Figura 1)

La fantástica afirmación de Woodward causó un enorme revuelo tanto dentro de la comunidad científica como en el público en general. Desde el principio, los paleontólogos y anatomistas de la Institución Smithsonian, y de Europa, sintieron que la mandíbula y el cráneo eran demasiado diferentes como para pertenecer juntos. La mandíbula, muchos escépticos señalaron, parecía mucho más simiesca de lo que uno esperaría encontrar adjunta a un alto y abovedado, cráneo humano. Los partidarios de Woodward en el mundo académico, así como los medios de comunicación, sin embargo, con el tiempo ganaron y la nueva especie entró en los libros de texto académicos como Eoanthropus Dawson, o "El Hombre del Amanecer de Dawson."(12) En los próximos años, más objetos fosilizados aparecieron en la fosa de Piltdown: huesos de animales, un objeto que parecía un bate de cricket, y dos cráneos más. En 1916, Dawson falleció, dejando a Woodward como el principal defensor de el Hombre de Piltdown.

Durante casi cuatro décadas, la comunidad científica aceptó al cráneo de Piltdown como un artefacto auténtico, al que aclamaron como el eslabón de la transición entre el mono y el hombre.(25) A cómo los arqueólogos iban descubriendo más esqueletos del "hombre primitivo", sin embargo, se hizo evidente que el Hombre de Piltdown difería radicalmente de cualquier otra cosa en el registro fósil. No hay otro espécimen que comparta sus rasgos inusuales. Por lo tanto, finalmente, en 1953 un equipo de investigadores del Museo Británico (Kenneth Oakley, Wilfred Le Gros Clark, y Joseph Weiner) sometió el cráneo y la mandíbula a una serie de rigurosas pruebas. Lo que encontraron envió ondas de choque a través del mundo científico: ¡El Hombre de Piltdown era un fraude!

"El Fraude del Hombre de Piltdown Es Expuesto," anunció el New York Times el 21 de noviembre de 1953.(1) "Parte del cráneo del hombre de Piltdown, uno de los cráneos fosilizados más famosos en el mundo, ha sido declarado un engaño por las autoridades en el Museo Británico de Historia Natural", dice el artículo. Los titulares del The London Star gritaron, "El Fraude Científico Más Grande Del Siglo!".(25)

Utilizando una prueba basada en flúor para fechar el cráneo, los investigadores determinaron que la parte superior del cráneo era de miles de años de antigüedad. También encontraron que la mandíbula había sido teñida artificialmente con dicromato de potasio para darle una apariencia más vieja. Una segunda prueba, utilizando el análisis de nitrógeno, confirmó los resultados de la primera prueba.(26)

Los investigadores del Museo Británico revelaron que alguien había tomado el hueso de la mandíbula y los dientes de un simio moderno, probablemente de un orangután, manchándolos para darles una apariencia antigua. Estos artefactos, la mandíbula de simio y los fragmentos de cráneo, debieron haber sido plantados en el sitio de Piltdown y ahora son universalmente reconocidos como un engaño.

Piltdown Man Named Hoax, Jolts Science

London, Nov. 21 (INS)—Three British scientists branded the famous "Piltdown man" a deliberate fake today and set off a controversy that may engage the scientific world for years to come.

(Figura 2)

En 1922, Harold Cook oficialmente descubrió al Hombre de Nebraska en los yacimientos del Pleistoceno de Nebraska. Una enorme cantidad de literatura surgió en torno a este próximo hallazgo, saludado como el escurridizo "eslabón perdido" quien supuestamente había recorrido las Américas hace un millón de años.(27) Clarence Darrow aprovechó y dió la evidencia de el Hombre de Nebraska en el famoso Juicio del Mono de Scopes en Dayton, Tennessee, en 1925. Formalmente conocido como El Estado de Tennessee v. John Thomas Scopes, el Juicio de Scopes fue un caso penal estadounidense en el que un profesor sustituto de secundaria, John Scopes, fue acusado de enseñar la evolución en las escuelas, en violación de la legislación vigente relativa a cómo el tema de los orígenes humanos podían ser enseñados en una escuela financiada por el Estado. William Jennings Bryan, de la acusación, argumentó en contra del modelo darwiniano. Los "grandes científicos expertos" lo aturdieron con una serie de "verdades" sobre el Hombre de Nebraska. El Sr. Bryan no tenía réplica excepto para decir que pensaba que la evidencia era demasiado escasa, y para abogar por más tiempo. Naturalmente, los "expertos" lo ridiculizaron y se burlaron de él. Después de todo, ¿quién era él para cuestionar las mayores autoridades científicas del mundo?(12,13,14,15, 27)

Pero, ¿qué fue exactamente lo que éstas autoridades presentaron como evidencia científica para el Hombre de Nebraska? Un solo diente. Varios de los mejores científicos en el mundo examinaron este diente, valorándolo como una prueba positiva de un enlace prehistórico, incluso, algunos publicando ilustraciones de cómo el hombre de Nebraska y su hábitat debió haber lucido.(14, 15, 27)

Años después del juicio de Scopes, el esqueleto entero del animal del que había salido el diente de el Hombre de Nebraska fue encontrado. Al final resultó que, el diente pertenecía a una especie extinta de jabalí.(15) Las "autoridades académicas," que habían ridiculizado a el Sr. Bryan por su supuesta ignorancia, habían creado una especie entera de la humanidad del diente de un cerdo. Qué vergüenza para la comunidad científica, y un destacado punto en las nociones preconcebidas de cómo los supuestos hombres-mono influenciaron a los extremistas darwinianos a tan alto grado.(13, 27)

El error recibió poca publicidad. Sin embargo, este caso judicial proporcionó precedentes para todos los asuntos relativos a las futuras directrices para lo que debe ser permitido en las aulas en relación con las teorías sobre los orígenes humanos.(15) Hay una lección aquí sobre la fiabilidad de los testimonios de los expertos, que con tanta frecuencia simplemente es para manipular e intimidar a los profanos que no poseen la indoctrinación común adecuada.

Un descubrimiento similar, basado también en los dientes de un animal, fue el Hombre del Sudoeste de Colorado. Ahora se sabe que este diente en particular pertenecía a un caballo, pero como con el Hombre de Nebraska, el error ha sido olvidado y convenientemente barrido bajo la alfombra.(16) Yo sin embargo, me las arreglé para encontrar un viejo artículo que menciona el descubrimiento; aquí hay un comentario de la revista Time de 1927:

◇◇

El "Hombre del Sudoeste de Colorado", recientemente deducido de un conjunto de dientes del Eoceno, era un mito, se ha demostrado que los dientes eran de un caballo antiguo.(17)

◇◇

Que tan ingeniosos e imaginativos los partidarios estrictos de una particular teoría pueden ser. Dales un diente, no necesariamente ni remotamente humano, y crearán una raza entera de la humanidad prehistórica. Para remachar el clavo, diré brevemente un ejemplo más de éstas 'maravillas de un solo diente' hominoidal. El naturalista, Dr. J.C.F. Siegfriedt, promovió al público con bombos y platillos, un espécimen conocido como el "Hombre de Montana".(18) Él alistó varios dentistas locales para que apoyaran sus afirmaciones. En 1927, pocos meses después de su hallazgo, otros expertos denunciaron el diente, sobre el cual Siegfriedt había basado su Hombre de Montana, como el diente de un cuadrúpedo extinto:

◇◇

El descubrimiento, en una mina de carbón en las laderas de las montañas cerca de Billings, MO, de un diente molar fosilizado de apariencia humana, mezclado junto a fósiles de almejas y lagartos conocidos por pertenecer al período del Eoceno, hace 50 a 60 millones años, causó una gran cantidad de charla en periódicos el pasado otoño. Pero los expertos fueron propensos en ver el molar como el de un cuadrúpedo perruno del Eoceno con los dientes semejantes al hombre en su cabeza tipo oso-caballo.(18)

◇◇

El siguiente mayor hallazgo aclamado como el elusivo enlace, salió de África. Lucy, es el apodo popular dado al famoso esqueleto africano fosilizado que el antropólogo estadounidense Donald Johanson encontró en Etiopía en 1974. El descubrimiento fue descrito como el primer miembro conocido del Australopithecus Afarensis, lo que significa mono del sur. La novia del Dr. Johanson sugirió que se le llamará "Lucy", por la canción de los Beatles "Lucy in the Sky with Diamonds", la que tocaron varias veces durante la noche del descubrimiento.(20)

Durante los últimos cuarenta años, las universidades que aceptan fondos federales o del Estado, han proclamado por unanimidad que el espécimen de 3.2 millones de años de edad, es el antepasado de toda la humanidad. Lucy se ha hecho famosa a través de una amplia difusión en revistas académicas, programas de televisión, libros, periódicos y museos. ¿Pero es Lucy realmente un antepasado directo de la humanidad?(21)

El Dr. Charles Oxnard, catedrático de Anatomía y Biología Humana de la Universidad de Australia Occidental, dijo del Australopithecine (el grupo al que pertenecía Lucy):

"Los diversos australopithecines son, de hecho, más diferentes de los monos africanos y los seres humanos en la mayoría de las características que estos últimos son el uno del otro. Parte de la base de ésta aceptación ha sido el hecho de que los investigadores, inclusive los opuestos, han encontrado éstas grandes diferencias, ya que ellos también utilizaron las técnicas y diseños de investigación que fueron menos sesgados por las nociones previas sobre lo que los fósiles podrían haber sido."(22)

En mi propia inspección, en una clase formal, estaba claro para mí que éste fósil no es lo mismo que se le ha estado vendiendo al público. Las reconstrucciones completas de los museos de todo el mundo, de cómo Lucy supuestamente era, son mentiras completas, pura especulación, con poca base en la realidad. Los artistas con poca o ninguna experiencia o educación en antropología construyen principalmente esas representaciones. En el museo de la Universidad Estatal de Michigan, la representan con ojos humanos, no con ojos de simio. Todas las imágenes muestran a una criatura que caminaba erguida (bípedo) y tenía la cara, las manos y los pies de una especie casi-humana. Las representaciones artísticas típicamente representan a Lucy con las manos de apariencia humana, y caminando en posición vertical con pies de apariencia humana. Esto es verdad para los modelos en el Museo de Historia Natural de Nueva York, el Museo Americano de Ciencias Naturales, el Museo del Hombre en San Diego, el Museo Nacional de Antología en la Ciudad de México, el Zoológico de St.

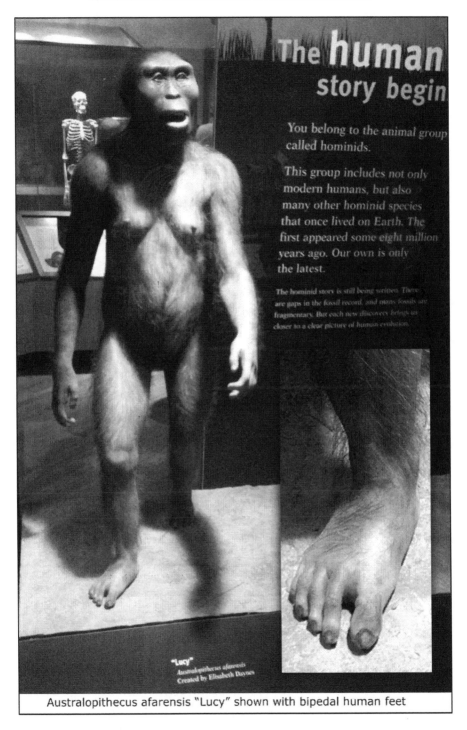

Australopithecus afarensis "Lucy" shown with bipedal human feet

Figura 3

Louis, la Universidad de Nuevo México, y la Universidad del Estado de Michigan. Uno puede también encontrar fácilmente las representaciones artísticas de Lucy en los libros de texto de ciencias, o en documentales televisivos, los que representan su caminar en posición vertical con las manos y los pies de apariencia humana.

Sin embargo, éstas presentaciones no son científicas; son herramientas de manipulación, falsificaciones visuales para ayudar a demostrar lo que la propia evidencia empírica no demuestra. El dedo gordo de Lucy era como el de un pulgar que servía para agarrar, no para caminar. Mientras que el fundador de Lucy sostiene firmemente que Lucy caminaba bípeda, él tiene demasiado interés personal en el asunto de ser imparcial. El se hizo famoso, simplemente por haber descubierto a Lucy.

Las pruebas contra el bipedismo de Lucy incluyen:

- El Dr. Susman y el Dr. Stern, de la Universidad Estatal de Nueva York en Stony Brook, observaron que los pies de Lucy retenían tendencias para agarrar, con dígitos largos y curvos.(9)
- En 1993, el antropólogo Christine Tardieu informó que Lucy tenía un mecanismo de bloqueo sin desarrollar. Los seres humanos tenemos un mecanismo de bloqueo en nuestras rodillas que nos permite estar de pie cómodamente en posición vertical durante largos períodos. Lucy no lo tiene, y por lo tanto, sin duda, ella no se paraba tranquilamente a como es representada en los museos.
- En 1995, el Science News informó que se había encontrado un esqueleto parcial de un A. africanus, "cuyo cuerpo tipo mono era capaz de caminar en dos piernas sólo en forma limitada." Su pelvis era "generalmente tipo mono en forma."(5)
- El Journal of Human Evolution informó que, los estudios bioquímicos de la cadera y el muslo del Australopithecus habían llegado a la conclusión de que, no caminaba rectamente.(6)
- En el 2000, la revista Nature informó que, "Independientemente de la situación de la articulación de la rodilla de Lucy, la nueva evidencia dió a luz que Lucy tiene la morfología de un caminante en nudillos"(4)
- Ese mismo a?o la revista Science publicó e informó la misma conclusión básica; Lucy "tiene la morfología clásica de un caminante en nudillos."(3)

- En el 2007, los antropólogos de la Universidad de Tel Aviv, declararon que habían desmentido la teoría de que Lucy (Australopithecus) es un ancestro común de los seres humanos:

◇◇

La estructura específica que se encuentra en Lucy también aparece en una especie llamada Australopithecus robustus. La presencia de la morfología, tanto en el último como en el Australopithecus afarensis y su ausencia en los humanos modernos, ponen en duda el papel de [Lucy] como un ancestro común.(2)

◇◇

A pesar de su capacidad de caminar en posición vertical en distancias cortas, los primates representados por el fósil de "Lucy" pasaron gran parte de su tiempo en los árboles, como escaladores muy activos. En el 2012, los científicos publicaron una investigación que analizó exhaustivamente a dos omóplatos completos de un esqueleto excepcionalmente bien conservado, de Etiopía, de una niña Australopithecus afarensis de 3 años de edad, el que data a 3.3 millones de años. Los brazos y hombros potencialmente dan la idea sobre lo bien que trepaban. Los investigadores encontraron que estos huesos tenían varios detalles en común con los de los simios modernos, lo que sugiere que vivían, por lo menos parte del tiempo, en los árboles. Por ejemplo, las clavijas de la articulación del hombro destacan hacia arriba tanto en el Australopithecus afarensis como en los simios de hoy, un signo de un trepador activo. En los seres humanos, estas clavijas apuntan hacia los lados. Los hombro adultos de Lucy también apuntan hacia arriba, lo que sugiere que, al igual que los simios modernos, su especie estaba equipada para trepar árboles.(11)

Las capacidades craneales del Australopithecus afarensis es lo mismo, o menor, que el de los chimpancés de nuestros días. Son cortos (máximo 130 cm. / 51 pulg.) y sus pies son construidos para agarrar y aferrarse a las ramas. Muchas otras características relativas a los detalles en sus cráneos, la cercanía de sus ojos, sus dientes molares afilados, su estructura mandibular, sus largos brazos y sus piernas cortas, todas constituyen la evidencia de que éstas criaturas no eran, ni remotamente, humanas y no muy diferentes a los simios de hoy en día.

En el Museo Americano de Historia Natural de Nueva York, Gary Sawyer y Mike Smith, comenzaron recientemente a trabajar en una nueva reconstrucción del esqueleto de Lucy, con la ayuda de Scott Williams de la Universidad de Nueva York, quién se dio cuenta de algo extraño, proclamando que:

"Uno de los fragmentos [vértebra], al que nadie, incluyéndome a mí, realmente había puesto mucha atención, parecía bastante pequeño como para encajar con el resto de la columna vertebral de Lucy."(24)

Ellos comenzaron un análisis comparativo y pronto llegaron a la conclusión de que el fragmento era demasiado pequeño. Sus resultados mostraron, sorprendentemente, que el fragmento no pudo haber pertenecido al Australopithecus en lo absoluto.(24) Según Scott Williams:

"Creemos que hemos resuelto este misterio. Parece que el fósil de la vértebra torácica de un babuíno se resbaló o transportó de algún modo entre los restos de Lucy."(24)

En otras palabras, una de las piezas del fósil de Lucy resulta haber pertenecido a un babuíno, y de alguna manera acabó mezclándose con el resto del descubrimiento. Tenga en cuenta de que en el sitio donde Lucy fue descubierta en 1974 no había señales del esqueleto de un babuíno, sin embargo, este pequeño detalle había pasado desapercibido durante los últimos 40 años. No quiero dar la impresión de que Lucy es otro engaño, como lo fue con el Hombre de Piltdown, ya que hay otras muestras de este espécimen que la establecen como una especie legítima. Lo que sí quiero mencionar de este incidente, sin embargo, es que pone de manifiesto que el modelo darwiniano dominante de la evolución humana sigue siendo incompleto y todavía sólo una teoría.

Pasemos ahora al Ardipithecus Ramidus, o "Ardi", a como fue apodado en septiembre de 1994. El primer fósil encontrado de este ejemplar fue fechado a 4.4 millones de años, más de un millón de años antes que Lucy

(Australopithecus Afarensis). Ardi tenía un cerebro pequeño, midiendo entre 300cc y 350cc. Esta cifra es ligeramente más pequeña que la del cerebro de un bonobo moderno, o una chimpancé hembra; más o menos el 20% del tamaño promedio del cerebro del humano de hoy.(28)

En el 2009, el Profesor Dr. C. Owen Lovejoy, un antropólogo biológico internacionalmente reconocido, especializado en el estudio de los orígenes del hombre, de la Universidad Estatal de Kent, reveló algunas conclusiones respecto a este último hallazgo:

"La gente suele pensar que evolucionamos a partir de ancestros que se parecían a los monos, pero no, los monos... evolucionaron de antepasados que se parecían a nosotros"(9)

Ésta es una declaración audaz, viniendo de alguien con una reputación tan prominente en la Arqueología dominante. Su principal trabajo que lo llevó a la fama implica a Lucy. Para aclarar su declaración, Lovejoy continuó:

"Ha sido una idea popular el pensar que los seres humanos son chimpancés modificados, pero al estudiar al Ardipithecus ramidus, o "Ardi", nosotros aprendimos de que no podemos entender o modelar la evolución humana desde los chimpancés y los gorilas."(9)

El análisis del Profesor Lovejoy demostró que los huesos de las manos y las muñecas de Ardi no se adaptaron para caminar en nudillos, un estilo de movimiento común en los gorilas y los chimpancés, y lo que se supone que fue utilizado por la especie ancestral de los simios y los seres humanos. En otras palabras, Lovejoy cree que debido a que el Ardipithecus no había evolucionado las manos y las muñecas de un caminante en nudillos, entonces ningún ancestro humano jamás ha caminado sobre sus nudillos, y que los chimpancés y los gorilas cada uno evolucionó ese rasgo después de haberse separado del linaje humano. Así que DE ACUERDO a Lovejoy, el hombre no desciende de los simios. Lo que es más cercano a la verdad es que, nuestros primos los caminantes en nudillos descienden de nosotros.(9)

Si ésta interpretación es mantenida, podría tener un gran impacto en el campo de la primatología, ya que anularía las ideas arraigadas sobre cómo los simios vivientes son utilizados como modelos de los primeros antepasados de la humanidad.

Darwin propuso que los seres humanos y los simios descienden de un ancestro común, en su libro El Origen del Hombre, publicado en 1871. Desde entonces hasta ahora, los seguidores de la propuesta de Darwin han tratado de apoyar y promover con pasión este paradigma. Pero a pesar de toda la investigación que se ha llevado a cabo, no hay evidencia sin falsificaciones que respalde esta idea de que el hombre viene de un simio.(10)

No puede haber ninguna duda de que, para todos los organismos vivos, la evolución y/o adaptación es un fenómeno real y verdadero, cuando es definido y observado como un "cambio en el tiempo". Sin embargo, el cambio se produce de muchas maneras, sin duda en más de un sentido que el de una simple mutación fortuita y la selección natural, especialmente con respecto a la humanidad. La teoría darwiniana, y su mecanismo de la selección natural, es simplemente incompleta y, por lo menos en el caso de los hombres, ésta totalmente falla en explicar con eficacia la génesis de los seres humanos en este planeta.

El registro fósil no indica, de ninguna manera científica, el modelo progresivo lineal del ascenso de la humanidad de pequeñas criaturas simiescas (pro-simios), a monos, a grandes simios, y finalmente a nosotros. De hecho, lo que está cada vez más claro, sobre todo a como más investigaciones son publicadas en el campo de la genómica, es que la humanidad puede ser en realidad un ser compuesto; una especie híbrida.

Capítulo 2

En 1950, las Naciones Unidas para la Educación, la Ciencia y la Cultura (UNESCO) emitieron un comunicado afirmando que todos los seres humanos pertenecen a la misma especie y que la raza no es una realidad biológica, sino un mito. Esta declaración resume las conclusiones de un panel internacional de antropólogos culturales, genetistas, sociólogos y psicólogos.(50) Varios descubrimientos científicos que se han hecho desde 1950, especialmente en el campo de la genética humana, han indicado que la humanidad es, biológicamente hablando, una especie híbrida, y no una "raza" individual.(29)

El modelo más ampliamente aceptado para el origen geográfico y la dispersión inicial de los humanos anatómicamente correctos es llamada la teoría "Fuera de África" en los medios, y la "hipótesis de la sustitución" por los antropólogos en el campo. La posición predominante en la comunidad científica aboga por un único origen de los humanos modernos en África del Este, quienes emigraron desde allí, reemplazando otras poblaciones de homínidos ya sea matándolos o ganando en la competencia por los recursos. Un número creciente de investigadores, sin embargo, proponen que el norte de África, cerca del Mar Mediterráneo, era más probable, el hogar original de los navegantes humanos quienes, teóricamente, primero dejaron el continente africano.

La mayor hipótesis en competencia es la llamada Teoría del Origen Multirregional, ésta prevé el flujo e intercambio de genes en todo el mundo, especialmente de hace unos 35,000 años atrás, en el mestizaje de los humanos modernos con los distintos tipos de Homo Erectus anatómicamente correctos, los Neandertales, y otras poblaciones de homínidos alrededor del globo. Muchos multirregionalistas tradicionalmente consideraron varias posibles ubicaciones para las cunas de la civilización. Probablemente el punto geográfico más popular fue cerca del Ártico, en un tiempo en el que las condiciones climáticas eran favorables, posiblemente antes del cambio de polos u otro cataclismo global. Otros lugares hipotéticos defendidos por varios, se encuentran en y debajo de Asia (Shamballa) y los lugares exóticos encontrados en los antiguos mitos, como la Atlántida, Mu o Lemuria, ahora sumergidos bajo los glaciares derretidos de la Edad de Hielo debajo de los inmensos océanos Atlántico, Pacífico, e Índico.

Aunque no muchos arqueólogos multirregionales busquen por las masas sumergidas de tierra en los océanos del mundo, hay un creciente pilar de evidencia genética concluyente que demuestra científicamente que las diferentes especies de homínidos anatómicamente correctos se entrecruzaron con los humanos modernos, produciendo descendencia híbrida viable de interespecies mixtas, lo que llevó a nuestras poblaciones actuales.(29, 34, 51, 52, 53, 54, 55, 56, 57, 58, 59, 60, 61)

El campo de la antropología está plagado de contradicciones, sobre todo en lo que respecta a la mezcla Arcaica en el registro humano, lo que personalmente he experimentado durante mis años en el sistema de la Universidad Estatal de California. Pero, la creciente montaña de evidencia irrefutable muestra que, diferentes especies de homínidos arcaicos mezclaron sus genes interracialmente, cruzando las fronteras genéticas de sus propias especies, y que, ésta mezcla es aún detectable e influye a los seres humanos en la actualidad.(61) La hibridación, o el proceso biológico por el cual los individuos de poblaciones genéticamente distintas (por ejemplo, especies, subespecies) se aparean y producen al menos alguna descendencia viable, es de gran relevancia para la comprensión de los orígenes de la biodiversidad, especialmente en relación a los orígenes raciales humanos. La evidencia del ADN indica que los antiguos humanos tuvieron sexo con otras especies e intercambiaron material genómico, el que ahora se puede medir, ya que hemos aprendido cómo mapear los genomas modernos y arcaicos. Un reciente titular sensacionalista promocionó que:

Los seres humanos antiguos 'desenfrenadamente se entrecruzaron' con los Neandertales y una especie misteriosa, en un mundo de diferentes criaturas al estilo El Señor de los Anillos.(80)

Aunque este titular sea extraño o expresado humorísticamente, hay una verdad en su implicación. Éste mundo antediluviano de hielo que a menudo es retratado en películas como: El Señor de los Anillos, con grandes batallas y romances entre enanos, elfos, gigantes y hobbits, puede apreciarse mejor a la luz de los hallazgos científicos, que demuestran que nuestros antepasados se entregaron al apareamiento interracial (cruzamiento de especies) con múltiples sub-razas de diferentes homínidos. Éstos resultados incluyen el ADN arcaico descubierto en los africanos de hoy, el que no es ni humano ni Neardental, y el que no es encontrado en el genoma de los no-africanos.(29,30) Las pruebas de ADN demuestran que el mestizaje entre los humanos arcaicos y modernos, efectivamente, involucraron diferentes especies de homínidos arcaicos.(61)

En 1998, el laboratorio de Michael Hammer publicó un documento que proponía una migración reciente, de hace unos 35,000 años atrás, de humanos modernos ENTRANDO a África, y la contabilidad de la mayoría de los cromosomas Y de África. El documento explica que los haplogrupos A y B, que se encuentra exclusivamente en África, fueron el producto de la mezcla entre los homínidos arcaicos africanos y los entrantes, o re-migrantes, humanos modernos que se aparearon con ellos.(81)

Arqueológicamente, la presencia de sitios como Dabban, con vínculos claros del Paleolítico Superior, en el norte de África en torno a 35,000 años atrás, apoya la teoría de una migración a África. Dabban es una antigua industria de aspas y buriles de Libia, que data a 40,000-14,000 años atrás, y se cree que es la industria de aspas y buriles más antigua del tipo del Paleolítico Superior. Se relaciona con claridad, en los aspectos a la tecnología de herramientas de piedra, al complejo del Paleolítico Superior de Europa y el Cercano Oriente.

Desde la perspectiva paleobiológica, el cráneo de Hofmeyr en Sudáfrica, fechado a alrededor de 36,200 años atrás, se agrupa con los euroasiáticos y europeos del Paleolítico Superior, lo que, de nuevo, sugiere que África fue poblada desde Eurasia o Europa, no al revés. Encontrado en 1952, el cráneo de Hofmeyr es uno de los pocos ejemplares africanos de los primeros humanos modernos que datan a más de 30,000 años. Es bastante distinto al de los recientes africanos subsaharianos, y se asemeja más a las características de las personas que vivían en Europa en el período Paleolítico Superior, al mismo tiempo que el cráneo de Hofmeyr.(82) El cráneo demuestra que los seres humanos que llegaron a África hace 36,000 años atrás, se parecían a esos de la Europa temprana, tales como los especímenes del Cro-Magnon de los Pirineos, sin las características primitivas de prognatismo (mandíbula protuberante). Un documento del 2007 propuso que el cráneo de Hofmeyr parece el de un "Eurasiático del Paleolítico Superior (UP)", o Europeos de la Edad de Hielo, en lugar de la "reciente gente geográfica"; o africanos de hoy. El documento afirma, en un tiempo cuando los datos de secuenciación genómica no eran disponibles, que ésta semejanza apoyaba la hipótesis de Fuera de África.(82) A partir de entonces, los hallazgos genéticos publicados han demostrado el escenario opuesto, uno en el cual la genética moderna de fuera de África entra al continente. Los estudios demuestran que los europeos contemporáneos compartieron continuidad genética con los antiguos europeos, pero carecen de los marcadores genéticos que se encuentran en los africanos modernos. En otras palabras, los europeos no descienden de los africanos, sino que los africanos de hoy son una mezcla de europeos Paleolíticos Superiores y una especie arcaica, posiblemente Homo Heidelbergensis, cuyo ADN no se encuentra en los no-africanos.(88)

La evidencia científica que va refutando la teoría popular de la génesis africana de la humanidad moderna, se está convirtiendo en conocimiento común entre los pocos que están familiarizados con los más recientes trabajos científicos publicados sobre el genoma humano, y cómo se compara con los otros genomas de homínidos que han ahora sido también secuenciados.(32, 61) Lamentablemente, dentro de la gran prensa y los círculos académicos existe un visible y, me atrevo a decir, silencio deliberado cuando se trata de informar sobre estos estudios, y sus implicaciones controversiales.(34) El historiador australiano, Greg Jefferys, cree que este programa para erradicar la noción de la raza, por razones políticas y no científicas, remonta a décadas atrás:

"Todo el mito de Fuera África tiene sus raíces en la campaña académica de la década de 1990 para eliminar el concepto de raza. Cuando hice mi licenciatura, todos ellos gastaron mucho tiempo en esta cosa de Fuera de África, pero ha sido completamente desaprobada por la genética. Todavía siguen aferrándose a esto."(73)

La evidencia que aclara y define la raza en los humanos modernos, en un sentido biológico, está ayudando a arrojar luz sobre lo que años de propaganda por motivos políticos ha oscurecido. Un ejemplo es un documento muy interesante, que traza el linaje paterno o cromosomas Y (genes trazables transmitidos de padres a hijos), publicado en el 2012 y llamado "Re-examinando la Teoría "Fuera de África" y el Origen de los Europeos (Caucásicos) a la Luz de la Genealogía del ADN." Este llega a la conclusión de que los africanos subsaharianos no dejaron África para colonizar el resto del mundo.(32) Esta extensa examinación de 7,556 haplogrupos confirmó que no había marcadores genéticos africanos en los participantes no-africanos. Tan carente eran las muestras de la implicación genética africana en cualquiera de los sujetos no-africanos en prueba, que los investigadores declararon:

El hallazgo de que los haplogrupos Europeoides no descienden de los haplogrupos "africanos" A o B se apoya en el hecho de que los portadores de los haplogrupos Europeoides, así como todos los haplogrupos no-africanos no acarrean ni SNI's M91, P97, M31, P82, M23, M114, P262.(32)

La conclusión de que los haplogrupos europeos no descienden de los haplogrupos africanos, evidenciado por la ausencia de decenas de marcadores genéticos de África, hace que sea imposible el mantener cualquier vínculo evolutivo directo de los europeos modernos a los africanos modernos. Los investigadores insisten en que su extenso estudio ofrece pruebas convincentes de un nuevo examen de la validez del concepto de Fuera de África. De hecho, los investigadores señalaron que:

◇◇◇

Ningún participante no-africano, más de 400 individuos en el proyecto, dio positivo a cualquiera de los trece sub-clados 'africanos' del haplogrupo A.(32)

◇◇◇

Llegaron a la conclusión de que no había pruebas suficientes para justificar la precedencia africana en el árbol del Homo Sapiens, y afirman que debe haber una explicación más plausible. Desafortunadamente, los resultados de este tipo, incitan a acusaciones infundadas de racismo, lo que está sucediendo cada vez más a como la creciente montaña de evidencia científica, especialmente en el campo de la genética, va desafiando la hipótesis que prevalece. Los genetistas no sólo han cartografiado el genoma humano completo, incluyendo el de las personas nativas de todos los continentes, sino que también han secuenciado con éxito los genomas casi completos de restos muy antiguos, una tarea que, hasta hace poco, muy pocos en mi campo creían posible. Ahora es un hecho científicamente, irrefutable, de que la "especie humana" contiene una cantidad sustancial del ADN de otras poblaciones de homínidos no clasificados como Homo Sapiens; como el Neardental, el Denisovano, el Arcaico Africano, el Homo Erectus, y ahora incluso el "Hobbit" (Homo Floresiensis).(61)

La relación entre los humanos modernos y los homínidos arcaicos, en particular los Neandertales, ha sido objeto de bastante debate en curso. Los Neandertales ocuparon la mayor parte de Europa y partes de Asia occidental desde hace aproximadamente 30 a 300,000 años.(57) Parte de este tiempo, ellos convivieron con los primeros seres humanos completamente modernos, conocidos comúnmente como los Cro-Magnon o Cromañón. Tanto el mitocondrial (ADNmt) como el ADN nuclear ha sido extraído con éxito a partir de fósiles de Neandertales y secuenciado.(59) Estas secuencias han proporcionado la información sobre la apariencia y la capacidad del habla de los Neandertales, así como su relación filogenética con los humanos modernos. Un análisis que comparó la secuencia del genoma del Neandertal con los genomas de varios seres humanos modernos concluyó que los Neandertales han contribuido a los bancos de genes de todas las poblaciones no-africanas, así como los Masai de África oriental, quienes tienen una pequeña, pero significativa, fracción del ADN del Neandertal. Los Neandertales contribuyeron más ADN a los asiáticos orientales modernos que a los europeos modernos, con una diferencia en el orden de 40%, lo que indica que las poblaciones de los Cro-Magnon y de los Neandertales se entrecruzaron hace unos 35,000-27,000 años atrás.(57,59) Pruebas similares en otras especies arcaicas, los Denisovanos, nombrados así por la ubicación de su descubrimiento en Siberia, han encubierto similares contribuciones genéticas heredadas a ciertas poblaciones modernas; el 7% a los Samoanos y Asiáticos del sudeste.(58,61)

El descubrimiento de los Denisovanos complica aún más la conexión entre una especie de homínidos arcaicos y una población humana moderna. Los restos fósiles de los Denisovanos fueron descubiertos en el Este de Asia, pero los Denisovanos muestran mayor similitud con los Melanesios modernos que con los asiáticos del Este. Aunque los estudios iniciales sugirieron que la ascendencia de los Denisovanos apareció sólo en las poblaciones humanas modernas de la isla del Sudeste de Asia y Oceanía, los estudios más recientes sugieren que la ascendencia de los Denisovanos puede ser más amplia.(83)

Un artículo publicado en la revista Nature, titulado, "La completa secuencia del genoma de un Neandertal de las montañas de Altai", tuvo hallazgos interesantes sobre los Neandertales, Denisovanos y los Nativos/Indios Americanos. Los Indios Americanos acarrean tanto el ADN del Denisovano como el ADN del Neandertal, y más que los europeos. El ADN del Denisovano y el del Neandertal que ellos llevan difiere del acarreado por los europeos.(84) Los Indios Americanos de hoy, de hecho, heredan su propensión a la diabetes tipo 2 de sus antiguos ancestros Neandertales que vivieron en las montañas de Altai. También parece que ésta predisposición genética no fue llevada a Europa.(85)

La abrumadora evidencia genética debería terminar el debate antropológico sobre si los humanos modernos son una raza única pura, o una especie híbrida con mezcla arcaica. Las diversas poblaciones de la tierra, biológicamente hablando, no se comportan como si descendieran de un único ancestro. En el estudio de la genética, encontramos que los factores sanguíneos se transmiten con mucha más exactitud que cualquier otra característica. Si la humanidad evolucionó a partir de un mismo ancestro africano, su sangre sería compatible, pero no lo es.

Por ejemplo, si no se le da medicamentos especiales para evitar complicaciones, el cuerpo embarazado de una madre con Rh negativo, impregnada por un hombre con Rh positivo, atacará, e incluso tratará de rechazar fatalmente a su propia descendencia. Esta forma de reacción alérgica puede ser fatal para el infante cuando los dos grupos sanguíneos diferentes son mezclados, lo que requiere de una transfusión de sangre para ser curado.(62,63) El acontecimiento es común en la hibridación entre diferentes especies en el reino animal, y será cubierto con más detalle en el siguiente capítulo.

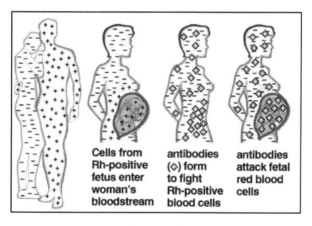

Cells from Rh-positive fetus enter woman's bloodstream — antibodies (◊) form to fight Rh-positive blood cells — antibodies attack fetal red blood cells

(Figura 4)

¿Por qué el cuerpo de una madre con Rh negativo que acarrea un hijo con Rh positivo rechaza a su propia descendencia? ¿De dónde vino el grupo sanguíneo Rh negativo?

En 1937, Karl Landsteiner y Alexander S. Wiener descubrieron el factor sanguíneo Rh. El 85% de la población humana tiene el antígeno Rh D en las células rojas de su sangre, lo que era en común con los monos Rhesus, mientras que el 15% de la población, misteriosamente, no tiene este antígeno.(86) Las ediciones de la Enciclopedia Británica de 1994-2002 dicen que, hoy, el Condado de Dalarna en Suecia es caracterizado por Cromañones casi puros:

◇◇◇

Particularmente notable son la gente de Dal de Dalarna (ahora Dalarna, Suecia) y los Guanches de las Islas Canarias, de estos últimos se dice que representan a un hombre de Cro-Magnon de valor relativamente puro.(86)

◇◇◇

Guanche, es el nombre dado a los nativos originales de las Islas Canarias, extintos ahora, pero quienes dejaron momias altas, con cabello rubio y rojo. Los suecos encajan una descripción física similar. La genética indica que el factor Rh negativo se originó en la sangre de los primeros europeos en el tiempo del Cro-Magnon, lo que exploraremos en mayor detalle más adelante. Por ahora, basta con señalar que el ADN del Hombre de Cro-Magnon se ha mantenido sin cambios en ciertas poblaciones europeas desde hace más de 28,000 años.(98) Los Europeos Modernos del Norte son más similares al Cro-Magnon: altos, con mayor frecuencia de sangre con Rh negativo, rubios y de ojos azules. Es interesante que la sangre de ciertos europeos del norte ha curado con éxito el VIH.(95) Al parecer, ciertas poblaciones del norte de Europa tienen una inmunidad al VIH, se ha documentado que cuando un paciente de SIDA recibe un trasplante de médula ósea, este deja de mostrar los signos del VIH.(95)

Credo Mutwa, un muy respetado chamán Zulú, o "Sanusi" de 94 años de edad, en Sudáfrica, afirma que las personas de las tribus africanas nativas habían visto a seres altos, rubios, de ojos azules en todo el continente africano varios de miles de años antes de que los europeos de piel blanca llegaran. El dice que, cuando los europeos llegaron, los africanos negros creyeron que se trataba del regreso de estos mismos "dioses" blancos, a quienes ellos llamaban los Mzungu. Como resultado, ellos también llamaron a los colonos europeos por el mismo nombre. Los datos de Credo, derivados de una antigua tradición oral, encajan perfectamente con los datos genómicos más recientes en relación con la mezcla arcaica en África hace 35,000 años atrás.(87) Los genomas de los africanos nativos todavía contienen los signos de la mezcla antigua con otras especies (no presentes en el ADN de los no-africanos).(88)

En el 2011, el ADN de tres grupos africanos (Pigmeos Biaka, San y

Mandinga) se puso a prueba, y se mostró que viene de una especie ya extinta.(59) Los investigadores concluyeron que aproximadamente el 2% del material genético que se encuentra en las poblaciones del África subsahariana llegó en su genoma hace aproximadamente 35,000 años atrás de los homínidos arcaicos que se habían separado del linaje humano moderno, hace alrededor de 700,000 años atrás.(87)

En el 2012, otro estudio analizó a tres poblaciones del África subsahariana (Pigmeos, Hadza y Sandawe) y también se encontró que los antepasados de los africanos modernos se cruzaron con diferentes especies de homínidos hace unos 40,000 años atrás; el mismo ADN no es encontrado en los genomas de los africanos no-subsaharianos.(88) El tiempo promedio del ancestro común más reciente de los sujetos africanos a prueba con los putativos haplotipos introgresivos fue de 1.2 – 1.3 millones de años atrás. Eso significa que más de 1 millón de años ha sido removido, no sólo de los humanos modernos, sino también de los humanos anatómicamente correctos en el registro fósil.(88)

Existen numerosos ejemplos en las que dos especies separadas y distintas de un mismo género, a menudo con un diferente número de cromosomas, pueden producir descendencia híbrida **viable**. El perro doméstico (Canis lupus familiaris) es una sub-especie del lobo gris (Canis lupus), y estos producen descendencia híbrida viable. Algo en el orden del 10% de las aves de América del Norte, todas consideradas específicamente distintas, se hibridizan con otras especies.(74)

Blood Parrot hybrid: Cross breeding a Midas cichlid with a Red Devil cichlid

(Figura 5 - Pez Loro de Sangre)

El pez loro de sangre es un cíclido híbrido. Fue creado alrededor del año 1986 en Taiwan, y producido por el cruzamiento de un cíclido Midas con un cíclido Cabeza roja o cíclido Diablo rojo. Los loros de sangre femeninos son generalmente fértiles, mientras que los machos suelen ser infértiles, pero ha habido casos de reproducción exitosa.(64)

(Figura 6)

El Yakow o Dzo, es un híbrido producido a partir del cruzamiento de un yak con una vaca doméstica. El animal resultante es mucho más grande que una vaca o un yak, y se cree que produce mucha más leche y carne. Todas las hembras nacidas de éste cruce son fértiles, y se reproducen con cualquiera de las especies originales. Los machos nacidos de éste cruce, sin embargo, son siempre estériles.(65)

(Figura 7)

La Cama resulta de la cría de un camello masculino con un llama femenina. Este animal fué creado para tener el tamaño y la fuerza de un camello, pero con el temperamento más dócil y la producción de lana superior de la llama. La cama es bastante pequeña al nacer y no tiene joroba. La cama es uno de los pocos híbridos que siempre es fértil, sin embargo, como la llama es seis veces más pequeña y más ligera que un camello, la única manera de obtener una cama es por inseminación artificial. Pero por supuesto, la descendencia híbrida fértil puede reproducirse junta.(66)

Grolar hybrid: From a Grizzly bear mixed with a Polar bear

(Figura 8)

El oso pardo polar, u oso Grolar aparece tanto en cautividad como en la naturaleza, y existen reportes del avistamiento de estos animales desde 1964. El oso pardo polar es un híbrido fértil. Hubo un caso en donde un oso polar de segunda generación fue disparado en la Isla Victoria. Las pruebas de ADN establecieron que la madre era un oso pardo polar y el padre era un oso pardo.(67)

Coywolf hybrid: From mixing a Wolf and a Coyote

(Figura 9)

El Coywolf, un híbrido de lobo con coyote, que ocurre regularmente en la naturaleza. De hecho, es tan regular, que se han encontrado que todos los lobos rojos tienen genes de coyote en su linaje. Este animal ha causado un montón de problemas para la taxonomía cánida, ya que a los híbridos no se les refiere generalmente como una especie diferente. La convención, sin embargo, llama al lobo rojo una sub-especie del lobo, dejando su nombre en latín sin ninguna mención de sus genes de coyote.(68)

Savannah hybrid: Domestic cat mixed with a wild African Serval

(Figura 10)

El Sabana, es un gato doméstico bastante moderno que fue aceptado como una nueva raza en el 2001 por la Asociación Internacional del Gato. Este gato es un híbrido del gato doméstico y el Serval africano salvaje. El sabana es mucho más social que la mayoría de las razas de gatos domésticos, y con frecuencia se le ha comparado con los perros debido a su lealtad extrema. Ellos son los saltadores más altos, y los gatos más altos del mundo gatuno. Lo grande y salvaje de un sabana depende del número de generaciones desde su hibridación. Estos a menudo lucen bastante a una versión miniatura de un leopardo.(69)

Wholphin hybrid: From a Bottle-nose Dolphin and a Killer Whale

(Figura 11)

El Wholphin es un increíble híbrido "submarino", el que proviene del embarazo exitoso de un delfín nariz de botella con una ballena asesina. La ballena asesina en realidad no es una ballena, sino una gran raza de delfín. Se ha conocido que los wholphins han ocurrido en la naturaleza, pero hasta ahora existen sólo dos ejemplos vivos en cautiverio.(70) Un artículo del New York Times titulado "Criaturas Extraordinarias", informó que:

El primer wholphin cautivo, Kekaimalu, nació el 15 de mayo de 1985. El tamaño, color y forma del wholphin son intermedios entre

las especies parentales. Ella tiene 66 dientes – intermedio entre un nariz de botella (88 dientes) y la ballena asesina (44 dientes).(70)

Killer Bee: European bees mixed with Southern African bees

(Figura 12)

Las abejas asesinas, o abejas africanizadas, son errores híbridos artificiales. Fueron creadas en 1957, cuando un apicultor accidentalmente dejó libres a 26 abejas reinas tanzanas entre las otras colmenas de abejas, en una granja en el sudeste de Brasil. Las colmenas habían pertenecido al biólogo Warwick E. Kerr, quien tenía planeado cruzar unas abejas europeas con las abejas del sur de África, con la intención de crear unas abejas que producirían más miel y las que se adaptarían mejor a las condiciones tropicales que las abejas europeas. Desde su liberación, las abejas asesinas se han multiplicado y emigrado, y ahora se pueden encontrar en toda América del Sur y la mayor parte de América del Norte. Las abejas africanizadas son altamente agresivas, de ahí el nombre de la abeja asesina, y se mueven a enormes distancias en enjambres masivos. Cuando se sienten amenazadas de alguna manera, atacan en grandes números, picando sin piedad cualquier amenaza hasta la muerte. En EE.UU 2 personas al año mueren al resultado de esto.(71)

Liger hybrid: From mixing an African Lion with a Bengal Tiger

(Figura 13)

El Ligre es un híbrido producido por un león y una tigresa. Aunque ambos padres son del género pantera, son de diferentes especies. Los ligres son los más grande de todos los grandes felinos, estos crecen casi del tamaño de un león y un tigre combinados. Llevan características de ambos padres; por ejemplo, el amor a la natación de los tigres y el comportamiento altamente social de los leones. Hoy en día, los ligres sólo pueden ser encontrados en cautiverio, ya que sus territorios no coinciden. Sin embargo, ha habido historias de ligres encontrados en la naturaleza. Se creía que los ligres eran estériles, pero en 1953, un ligre se apareó con éxito con un león macho, y el cachorro sobrevivió.(72)

Un interesante estudio sobre la hibridación entre dos especies de monos aulladores de hoy en día en México, está arrojando nueva luz sobre el por qué ha sido difícil de rastrear, mediante el análisis de los restos fósiles, la evidencia de mestizaje entre los primates, y en particular los antiguos humanos.(30) Los investigadores de la Universidad de Michigan estudiaron más de 200 monos aulladores adultos (monos aulladores dorados y monos aulladores negros) que habían sido capturados y puestos en libertad en México y Guatemala, entre 1998 y el 2008. Estas dos especies diferentes difieren en apariencia, comportamiento, y en el número de cromosomas que cada especie posee.(78) Mientras que ambos grupos viven generalmente en distintos hábitats, algunos de los monos aulladores en el estado de Tabasco, México, viven en una zona superpuesta, híbrida, donde una población minoritaria coexiste y la que a veces se aparea.

Mantled Howler monkeys and Black Howler monkeys

(Figura 14)

El equipo de investigación recogió muestras de sangre, de cabello y mediciones morfométricas de los animales anestesiados para un estudio, antes de que fueran puestos en libertad en su nuevo hábitat. Con base en el análisis del ADN nuclear y mitocondrial, los expertos detectaron 128 individuos híbridos quienes eran, muy probablemente, el producto de varios años de cruce entre los híbridos y los individuos puros. El análisis estadístico sobre las medidas del cuerpo reveló varias diferencias en la estructura (morfología) de los monos pertenecientes a la ascendencia mixta.(78) Los investigadores encontraron que los individuos de ascendencia mixta que compartían la mayor parte de su genoma con una de las dos especies eran físicamente indistinguibles de los individuos puros de esa especie. Liliana Cortés-Ortiz, de la Universidad de Michigan, dijo:

Las implicaciones de estos resultados es que las características físicas no siempre son confiables para la identificación de las personas de ascendencia híbrida. Por lo tanto, es posible que la hibridación ha sido subestimada en el registro fósil humano.(78)

Durante años los investigadores han intentado, utilizando los registros fósiles, encontrar pruebas de cruzamiento entre especies ancestrales de los humanos. María Kelaita en la Universidad de Texas en San Antonio, dijo que el estudio:

Sugiere que la falta de pruebas sólidas para la hibridación en el registro fósil no niega el papel que pudo haber desempeñado en la conformación de la diversidad temprana del linaje humano.(30)

La secuenciación reciente de los genomas antiguos sugiere que la cruza interracial entre especies continuó entre los miembros de varios diversos grupos antiguos hace más de 30,000 años atrás, incluyendo un antepasado humano aún desconocido. De acuerdo a Mark Thomas, genetista evolutivo de la Universidad de Londres, "había muchas poblaciones de homínidos".(34)

Recientemente, los científicos secuenciaron el genoma europeo de 37,000 años, lo que les permitió hacer algunos descubrimientos sobre los primeros humanos modernos de Europa. Los resultados mostraron que hoy en día los escandinavos son los parientes vivos más cercanos, genéticamente hablando, al primer hombre de Cro-Magnon en Europa. El antiguo genoma también indicó que muchos rasgos europeos, entre ellos los del Oriente Medio, ya estaban presentes en los primeros europeos. El estudio, publicado recientemente en la revista Science, arroja completamente nueva luz sobre los europeos, quienes eran originalmente una especie separada de los linajes africanos.(34)

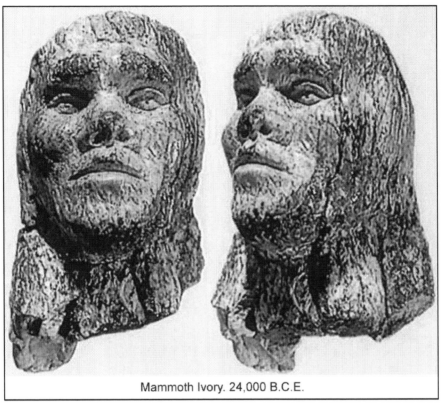

Mammoth Ivory. 24,000 B.C.E.

(Figura 15)

Capítulo 3

E l Cro-Magnon, o Cromañón, apareció por primera vez en el registro fósil hace poco menos de 40 mil años, y duró oficialmente hasta hace unos 10 mil años, más o menos al comienzo de la era del Holoceno actual. Este período es conocido como la Era Paleolítica en antropología, comúnmente conocida como la Edad de Hielo. El nombre "Cro-Magnon" deriva de "Abri de Cro Magnon" ("refugio de piedra" o "la gran cueva" en el dialecto local) en el suroeste de Francia, donde el geólogo francés Louis Lartet descubrió el primer espécimen en 1868.(43) La literatura científica actual prefiere el término "Primeros Humanos Modernos Europeos" (o EEMH), en lugar de "Cro-Magnon". El antropólogo Richard C. Leonard escribe:

◇◇

Un dato antropológico generalmente ignorado en los programas de televisión populares y documentales, es que existen diferencias notables entre los hombres del tipo occidental y oriental del Paleolítico Superior. En estos programas los términos Cro-Magnon y Hombre Moderno se usan como si fueran sinónimos, sin embargo en el sentido estricto no lo son. Todos los Cro-Magnon son Modernos, pero todos los Modernos no son Cro-Magnon. Las clases Europeas del Este son significativamente diferentes a los Cro-Magnon del "Occidente", tanto físicamente como culturalmente. Al "occidental" se conoce como Cro-Magnon, pero el "oriental" es conocido por otros nombres, tales como el Hombre de Brünn, Predmost o Combe Capelle (de acuerdo a donde se hayan encontrado los restos primero).(38)

〰〰〰〰〰〰〰〰〰〰〰〰〰〰〰〰〰〰〰〰〰〰〰〰〰〰〰〰〰〰〰

Los de clase oriental eran más bajos de estatura, y casi siempre con menos capacidad craneal (cerebro más pequeño) que los Cro-Magnon occidentales, quienes eran más altos.(39) Esto no se debe de tomar como un insulto o como indicativo de la inteligencia, sino para señalar que el espécimen de Cro-Magnon del oeste era el más alto en el registro fósil de este periodo, un hecho que a menudo es reprimido por los académicos. La anatomía femenina limita el tamaño del cráneo, y, para los bípedos como los seres humanos, una cabeza más grande siempre significará un ser más alto. Desde que el bipedismo requiere de caderas estrechas y una mayor altura, siempre viene con grandes cráneos, como el del Cro-Magnon. A la cuestión de su altura se le ha restado importancia, u ocultado por completo, ya que no encaja perfectamente en la noción darwiniana estándar, lo que supone que todos los antepasados del hombre moderno vienen de criaturas simiescas más pequeñas, no de seres más altos y de cerebros más grandes.

De hecho, la distribución geográfica del Cro-Magnon en Europa se encuentra más cerca a la parte occidental de Europa y el norte de África, sobre todo, y probablemente lo más interesante, en una serie de islas cercanas del Atlántico. El museo principal de Las Palmas (Islas Canarias, frente a la costa de África occidental) aclama albergar la mayor colección del mundo de cráneos de Cro-Magnon, así como momias en perfecta conservación (más sobre este tema adelante). Entonces, ¿qué es exactamente lo que hace único al Cro-Magnon en contraste a otros fósiles del mismo período de tiempo?(38) Las diversas clases de Europa del Este son tan similares que son comúnmente agrupadas como una sola por varios antropólogos convencionales. El difunto Dr. Carleton S. Coon, de la Universidad de Harvard, escribió:

A pesar de la homogeneidad general del Hombre del Paleolítico Superior, estos dos grupos, el occidental y el oriental, pueden mostrar que difieren entre sí en ciertas formas bien definidas.(39)

En otras palabras, el Cro-Magnon del oeste difiere de todos los otros tipos. Al conjunto de herramientas de piedra asociadas con los orientales se le conoce como Perigordiense, y meramente continúa del conjunto de herramientas anterior del Neandertal (Musteriense) el que remonta a cientos de miles de años, mientras que los diversos conjuntos de herramientas del Cro-Magnon son totalmente recién llegados.(79) Según el geólogo y arqueólogo francés François Bordes, el Combe Capelle no es un invasor que trajo consigo una cultura Inferior Perigordiense:

La industria de la herramienta Perigordiense no vino de otro lugar, sino que fue sólo una continuación de la industria de la herramienta Musteriense del Hombre de Neandertal.(40,79)

Hace unos 35,000-40,000 años, de repente algo muy nuevo apareció en el registro arqueológico, con una serie muy diferente en tecnología de herramientas de piedra sofisticadas. La herramienta de ensamblaje del Cro-Magnon fue etiquetada como "Auriñaciense" y parecía aparecer de la nada.(40) El Prof. Bordes, ex director del Laboratorio de Prehistoria de la Universidad de Burdeos, explica:

La tradición de la herramienta Auriñaciense - sin duda - se origina fuera de Europa, ya creada, aunque de donde, sigue siendo un misterio.(40)

Siendo los humanos **modernos** más antiguos conocidos de Europa, al hombre de Cro-Magnon se le vincula las muy conocidas pinturas rupestres de Lascaux y la cultura auriñaciense que floreció en Europa occidental por el Atlántico. Ellos crearon las hermosas pinturas rupestres encontradas a través de los Pirineos, y las montañas circundantes, las que se han convertido mundialmente famosas.(79)

Paleolithic cave art 30,000 BC

(Figura 16)

Chantal Jegues-Wolkiewiez es una investigadora independiente, astrónoma y etnóloga con un doctorado en Humanidades. En noviembre del 2000, en el Simposio Internacional del Arte Prehistórico, en Italia, ella presentó un papel titulado: Lascaux, la Vista del Cielo Magdaleniense. De acuerdo a sus estudios, las personas del paleolítico (edad de hielo) pasaron largas noches observando el cielo, calculando y registrando sus observaciones sobre las paredes de las cuevas.(97) Las implicaciones son asombrosas; los pintores de Lascaux eran astrónomos y antiguos observadores de estrellas, quienes pintaron un zodíaco en las paredes de la cueva, la que muestra la formación del cielo en la era magdaleniense, hace 17,000 años.(96)

Estos antiguos observadores de estrellas, quienes vivieron 30,000 años antes de Zoroastro, prestaron especial atención a las fases de la luna. Parecían haber vinculado el ciclo lunar con el ciclo de la ovulación femenina, en base a los tantos artefactos de fertilidad que parecen realizar un seguimiento de la transición de la luna de nueva a llena. Estos mismos marcadores lunares astronómicos también se encuentran pintados en éstas cuevas. Un ejemplo es este ciervo muy bien preservado, que tiene debajo una fila de puntos que terminan en un cuadrado.

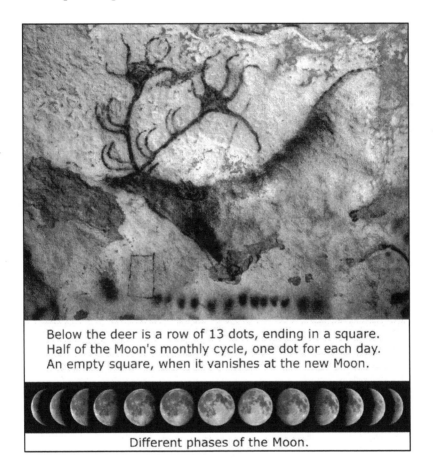

Below the deer is a row of 13 dots, ending in a square.
Half of the Moon's monthly cycle, one dot for each day.
An empty square, when it vanishes at the new Moon.

Different phases of the Moon.

(Figura 26)

Otro ejemplo aparece en un caballo marrón, esta vez con 29 puntos, uno para cada día del mes. Se cree que representan un ciclo lunar, las fases de la Luna a través del cielo.

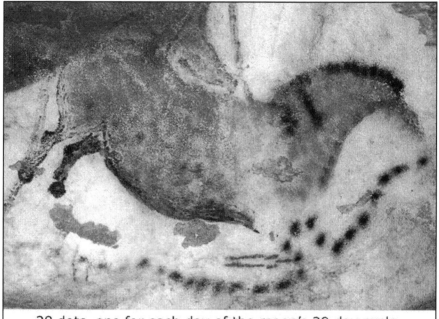

29 dots, one for each day of the moon's 29 day cycle

(Figura 27)

Jegues-Wolkiewiez concluye en su investigación que las pinturas rupestres grabaron las constelaciones, estrellas fijas y los puntos del solsticio. Ella confirmó su tesis al mostrar que todas las constelaciones del zodiaco, excepto por Acuario y parte de Piscis, están representadas por los animales en su estado natural de la época.(96,97) La precisión de las respectivas de las orientaciones, así como la presencia de la figura del sol poniente, demuestra que los descendientes del Cro-Magnon de la era magdaleniense eran observadores notables del cielo, y estaban ya usándolo para identificar los ciclos astrológicos del tiempo. Este descubrimiento de la astronomía antigua, si se confirma, podría cambiar nuestra comprensión del arte prehistórico y también de las personas que pintaron los dibujos. Mi opinión personal es que definitivamente existe la astronomía sobre las paredes de Lascaux.

La realización de que la gente del Paleolítico eran grandes astrónomos, así como extraordinarios artistas, es revolucionario. La idea de que ellos marcaron el cinturón del zodiaco como una banda del cielo que sostiene doce constelaciones bailando en un círculo eterno siguiendo el camino del Sol, y que pintaron estos cálculos sobre la roca, pone a nuestra comprensión de la historia de la astronomía, y la astro-teología, en una radical nueva luz. Esto demuestra que en un tiempo lejano unas personas representaron las constelaciones actuales al dibujarlas/trazarlas en dibujos de algunos animales, en particular el toro. Si esto es verdad, ellos precedieron a los astrónomos de Babilonia por varios miles de años. Así como los antiguos mesopotámicos, griegos, fenicios, minoicos, y otros, también veneraron al toro como un símbolo astrológico. Este vínculo potencialmente se convierte en algo más profundo.

Para explicar el predominio de los toros en el zodíaco prehistórico, Jegues-Wolkiewiez dice que la constelación de Tauro culminó con el cielo del solsticio de verano y era de primordial importancia para los pintores prehistóricos. Todo el Pasillo de los Toros corresponde a la constelación de Tauro. El ojo del Toro se alinea con la súper gigante Aldebarán en el centro de la constelación. Una configuración de las estrellas constituye las Híades, quienes rodean el ojo de Aldebarán. Las Pléyades están por encima de su hombro.(97)

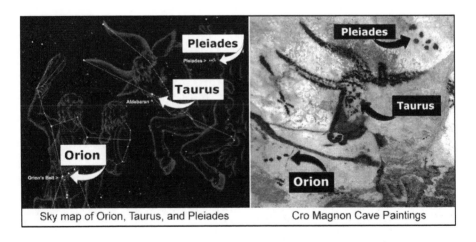

Sky map of Orion, Taurus, and Pleiades — Cro Magnon Cave Paintings

(Figura 17)

Otros ejemplos aparecen en los Toros Enfrentados, quienes están de pie uno frente al otro. Como ha señalado Jegues-Wolkiewiez, éstos toros se alinean con las constelaciones de Tauro y Escorpión.(97) Que éstas constelaciones no fueran visibles en el mismo cielo en el momento de la oposición refuerza su teoría de que la gente de Cro-Magnon poseían un conocimiento directo de la astronomía.

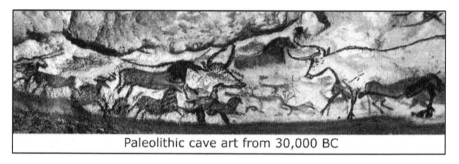

Paleolithic cave art from 30,000 BC

(Figura 18)

Al final de la Galería Axial hay un animal único en Lascaux, un caballo al revés o cayendo. Las piernas y la cabeza de éste caballo son visibles en el pasadizo y se levantan hacia el cielo, mientras que la mitad inferior del cuerpo se esconde detrás de un pliegue de la pared. Jegues-Wolkiewiez midió la dirección indicada por éste caballo y encontró que se trataba del punto donde el Sol sale en el primer día de invierno.(96)

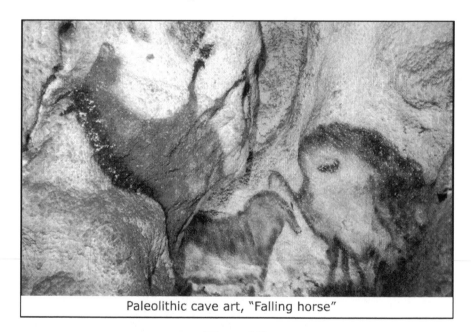

Paleolithic cave art, "Falling horse"

(Figura 19)

La presencia de otro caballo idéntico al caballo cayendo, pero de pie, en el Salón de Toros principal, refuerza la hipótesis del significado astronómico del arte rupestre del Cro-Magnon. Éste segundo caballo está por encima de los toros, y corresponde con las constelaciones de Leo y Escorpión. Éste caballo apunta a la brillante estrella Arcturus y es exactamente visible al final del invierno en el punto sobre el horizonte donde sale el Sol. Cómo el caballo a pie corresponde con el Sol en el Equinoccio de Primavera, entonces, el Caballo Cayendo se relaciona con el Sol en el Solsticio de Invierno.(96)

Los historiadores del arte han mostrado mucho placer en que las pinturas rupestres son precisas en el conocimiento de la anatomía de los animales y los hábitos temporales de cada especie. Pero lo importante es que, cada pintura en el salón está alineada con una constelación del zodiaco correspondiente. De acuerdo a una investigación realizada por Chantal Jegues-Wolkiewiez, son las posiciones y las relaciones de los animales lo que indica el conocimiento astronómico de las posiciones de solsticio, las constelaciones y las estrellas fijas. En otras palabras, los Cro-Magnon no era sólo artistas, sino también astrónomos y matemáticos.

Crichton Miller argumenta que la gente del Paleolítico Superior creó originalmente la cruz como un dispositivo matemático para ayudarles a entender los ciclos astronómicos, mediante la medición de los cambios angulares de la Tierra y la Luna por su giro y órbita. Mediante la medición de éstos cambios basados en los signos fijos del zodíaco, los antiguos fueron capaces de calcular el tiempo y, por lo tanto, de sobrevivir o incluso de navegar. Miller explica que Tauro, el Toro fue el primer signo utilizado para medir el tiempo:

El primer signo utilizado para predecir las temporadas fue Tauro, el Toro representaba la migración del Auroch. El reflejo del Auroch como símbolo del tiempo se puede ver en las pinturas de los murales de Lascaux en Francia.(75)

Esto se relaciona también con el trabajo de Jegues-Wolkiewiez. Ciertamente existen otras representaciones artísticas también. Algunas de las representaciones muestran al Cro-Magnon vistiendo ropa a medida, sombreros, e incluso bien afeitados en muchos casos. Se han encontrado agujas de hueso y navajas de obsidiana, lo que sugiere que fue una cultura avanzada. Símbolos rayados en huesos registran ciclos lunares y solares, y astrología. Éstas eran personas civilizadas que intentaban vivir en las condiciones primitivas, posiblemente, después de una catástrofe.

Uno de los más importantes inventos del Cro-Magnon fue la aguja. Ellos hicieron agujas con las astillas de los huesos de animales, con una punta filosa en uno de los extremos y con un ojo en el otro. Con una aguja, el Cro-Magnon podía coser las pieles en prendas de mejor ajuste. La evidencia sugiere que las personas de Cro-Magnon crearon pantalones y camisas ajustadas para protegerlos del frío, así como chales, capuchas y botas largas.

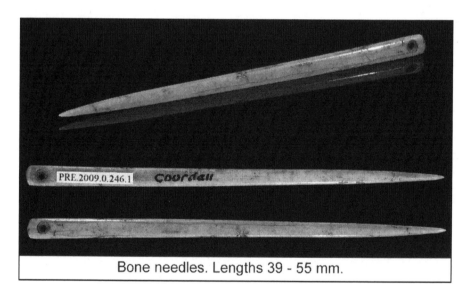

Bone needles. Lengths 39 - 55 mm.

(Figura 20)

Jacquetta Hawkes, autora de El Atlas del Hombre Primitivo, cree que la ropa del Cro-Magnon se acercaba a la de los esquimales de hoy en su excelencia de construcción.(42) A menudo los Cro-Magnon representaron a su propia especie con un sentido de humor: muchas son caricaturas, aunque algunos ejemplos son realistas, usando pulseras y collares.(38) De hecho, la verdadera joyería comienza desde este tiempo.(39,43)

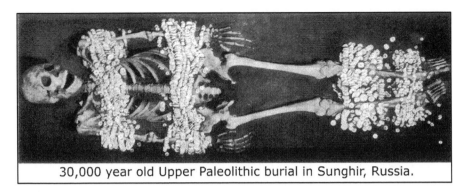

30,000 year old Upper Paleolithic burial in Sunghir, Russia.

(Figura 21)

Cuatro etapas de pueblos de Cro-Magnon aparecieron en el norte de África, incluyendo las Islas Canarias, y en el abanico desde esa ubicación occidental. Los antropólogos también han encontrado cuatro etapas de restos/herramientas en las Islas Azores y en otras islas del Atlántico.(38) El antropólogo Richard C. Leonard llama a estas etapas "Las Invasiones Atlánticas", debido a su aparente origen atlántico, y proclama que:

Hace cerca de 35,000 años a.C., un hombre más robusto, más alto, más fornido de repente "invadió" las costas occidentales de Europa y el Norte de África (Bordes, 1968; Clark, 1970; Coon, 1954). Éste hombre robusto, innovador y de gran tamaño cerebral es apodado Cro-Magnon. Llamado así porque el primer espécimen fue descubierto en la Cueva de Cro-Magnon a pocas millas de Aurignac; consecuentemente, su conjunto de herramientas fue etiquetado como Auriñaciense.(38)

El registro fósil apoya esta afirmación. El Auriñaciense también fue la más duradera de todas las culturas del Cro-Magnon. El Dr. John E. Pfeiffer, profesor de antropología de la Universidad de Rutgers, observa que el Auriñaciense era muy distinto y que llegó de alguna zona fuera de Europa Occidental; con una "forma de vida ya establecida".(38) Pfeiffer observa que:

La convivencia misma de los Perigordienses y los Auriñacienses en Francia plantea algunas preguntas que no pueden ser respondidas en la actualidad. Al parecer, ellos cazaron en las mismas regiones, en las mismas condiciones, durante el mismo período general, viviendo como contemporáneos durante miles de años. Sin embargo, no parecen haber influido entre sí de forma apreciable, algo sorprendente considerando la capacidad del hombre para el cuidando de los asuntos de su vecino.(41)

El arqueólogo Frank Hibben afirma que, aunque la industria del Auriñaciense es encontrada por primera vez en Europa occidental, es sin lugar a dudas, no europea en origen; y añadió que las excavaciones y estudios posteriores han demostrado que estas herramientas eran avanzadas y "mucho más complejas de lo que se suponía anteriormente".(38, 41) Aproximadamente a 18,000 a.C. la cultura Auriñaciense es "interrumpida" por la próxima invasión de Europa occidental, conocida como Solutrense. Sólo se conocen unos pocos ejemplos del arte rupestre Solutrense. Un ejemplo es la cueva Loci en Aragón y Levante (España).(38) Sin embargo, los solutrenses sobresalieron en la producción de navajas extremadamente delicadas, y en que también pudieron haber introducido el uso del arco y la flecha.(41)

Los artefactos de la Edad de Hielo en el sitio de Mezin, en Ucrania, se consideran el ser de al menos 12,000 años de antigüedad, y la capa actual de los artefactos podría ser tan antigua como 17,000 a.C. La esvástica más antigua conocida inscrita en figurillas talladas en marfil de mamut: una cruz de brazos iguales, algunas tienen serpientes unidas a la punta de cada brazo.

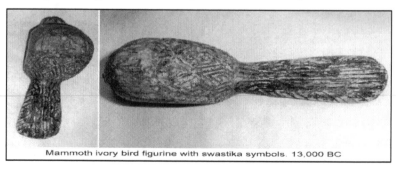

Mammoth ivory bird figurine with swastika symbols. 13,000 BC

(Figura 22)

Pero después, a unos cuatro mil años, alrededor de 14,000 a.c., se produjo la tercera invasión, llamada Magdaleniense, en la que apareció el primer arpón.(38) Estas invasiones, como las llama Leonard, están asociadas con las ondas de la ocupación del Cro-Magnon a Europa occidental. Ninguna etapa formativa, o de gestación ha sido encontrada en ningún continente para cualquiera de las industrias de la herramienta del Cro-Magnon. ¿Dónde se desarrollaron?(38, 43) La vívida interpretación de Leonard de la evidencia continua:

La evidencia habla de un pueblo poderoso que podía vivir donde quisiera vivir... Y hay más que eso en el registro. La vida estaba cambiando en respuesta a unos acontecimientos que involucraban a las fuerzas geológicas que causaron una gran explosión demográfica. Signos de supervivencia al cambio están en todas partes. Los magdalenienses más recientes ocuparon tres a cuatro veces más sitios que sus predecesores, y ocuparon un gran número de sitios que nunca se habían usado antes.(38)

Las poblaciones humanas se encontraban en un nivel récord en este punto; pero algo catastrófico debió haber sucedido. La final "invasión", la aziliense, ocurrió muy cerca a la fecha mágica de 10,000 a.c., (compatible con la desaparición de la Atlántida según Platón) terminando para siempre el Paleolítico Superior y las invasiones del Cro-Magnon. De hecho, todas las culturas del Paleolítico Superior - tanto oriental y occidental - terminaron al mismo tiempo, y muchas especies se extinguieron. Geológicamente hablando, una nueva "edad", comenzó.(38) La "sombría" Edad Mesolítica inició con una caída significativa de la población.(46) Pero a pesar de que la triste Edad Mesolítica había comenzado en toda Europa, África y Asia, el Cro-Magnon aziliense era inequívocamente del Paleolítico Superior en carácter por el tiempo en que existió: pero no todo estaba bien con ésta última de las brillantes culturas del Cro-Magnon.(38, 79)

¿Qué causó éstas repentinas migraciones periódicas de personas? ¿La gente huía de una catástrofe violenta, tal vez un volcán, o posiblemente los efectos del rápido aumento del nivel del mar durante el final del Pleistoceno (edad de hielo)? Los antropólogos no tienen la más remota idea del origen de éstas invasiones del Cro-Magnon.(79) Invariablemente ellos aparecieron en las costas occidentales de Europa y el norte de África, incluyendo algunas de las islas del Atlántico (islas Azores, Canarias). Los asentamientos agrupados en el oeste, con un número de sitios decrecientes hacia el este.

Este misterio ha plagado a los antropólogos durante más de cien años. Hacia el oeste, no hay nada más que océano vacío: ¿cómo podrían las invasiones haber venido desde allí?

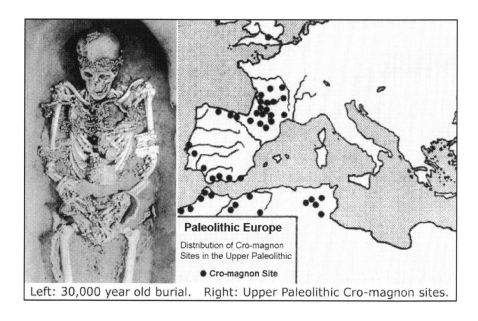

Paleolithic Europe
Distribution of Cro-magnon
Sites in the Upper Paleolithic
● **Cro-magnon Site**

Left: 30,000 year old burial.   Right: Upper Paleolithic Cro-magnon sites.

(Figura 23)

El misterio de éstas invasiones ha sido tan vergonzoso que muchos antropólogos no quieren enfrentarse a esto directamente. Algunos han conseguido solucionar el problema borrando la distinción entre el Cro-Magnon "Atlántico" verdadero y los del tipo Europeo "Oriental".(38) Llamando "Cro-Magnon" a todos los hombres modernos no-africanos, según Leonard, esto simplemente bordea el tema.(38) No es una manera científica para enfrentar el problema. En un artículo titulado "¿Por qué ya no los llamamos Cro-Magnon?", K. Krist Hirst sugiere que las dimensiones físicas de los especímenes del Cro-Magnon no son lo suficientemente diferentes de la de los humanos modernos como para justificar una designación separada. Leonard plantea la preocupación de que esto lo hace muy conveniente para eliminar el vergonzoso problema. ¿Y qué decir de las diferencias culturales más importantes (conjuntos de herramientas totalmente diferentes, patrones de asentamiento, impulso de arte, etc.)?(38) ¿Estamos simplemente "mezclando" todas estas diversidades bajo una denominación? Esto no me parece que sea una práctica científica. En 1994, el profesor Goran Burenhult de la Universidad de Gotland en Suecia, dijo:

Los seres humanos emigraron a Europa hace unos 40,000 años. Ellos utilizaron dos tradiciones de herramientas diferentes en ese tiempo. En África del Norte y Europa Occidental, una nueva tradición de herramienta comenzó hace 35,000 años. Estas están asociadas con las culturas tempranas del Cro-Magnon, llamada la cultura Ateriense.(77)

El hombre de Cro-Magnon fue tradicionalmente llamado Atlántico debido a su distribución geográfica:

- Abbe 'Breuil (1912) llamó a las áreas de ocupación del Cro-Magnon "Atlánticas"
- Lundman (1977) utilizó el término "Paleo-Atlántico" al referirse a la cultura del Cro-Magnon
- El Prof. JL Myers (1923-1939) describió la cultura del Cro-Magnon como "una cultura regional bien marcada de la llanura costera del Atlántico."

Puede que el origen de los hombres modernos de la clase "oriental" haya sido en el Medio Oriente o Asia, encontrando finalmente su camino hacia Europa cuando las condiciones no eran favorables. Ellos eran claramente vagabundos, según a lo indicado por sus sitios de ocupación extremadamente delgados y muy dispersos, distribuidos más o menos uniformemente en toda Europa y el Medio Oriente sin agrupamiento hacia el este o el oeste.(76)

Los sitios de los Cro-Magnon, por el contrario, suelen ser gruesos, lo que indica una larga ocupación, que se instalaron en un solo lugar. Sus sitios arqueológicos se agrupan hacia las porciones occidentales de Europa y África. Los restos de las estructuras indican que los hombre del Paleolítico Superior tanto del "este" como los del "oeste" habitualmente vivían en casas de algún tipo, y no en cuevas a como comúnmente es asumido.(76) Varios pueblos del Cro-Magnon consistían en casas, pero no sabemos de qué estaban hechas. Todo lo que tenemos son los agujeros. Tenían lanzadores de lanzas llamados "atlatl", arpones, arcos y flechas, navajas de obsidiana, agujas, instrumentos musicales, e incluso calendarios tallados de hueso con notaciones simbólicas tirándole a la escritura.(90) Domesticaron varias especies de animales, un tan llamado rasgo "Neolítico", lo que pudo haber incluido al caballo.(76, 91, 92, 93) Numerosos grabados de caballos incluyen líneas que parecen frenos. Esta es una fuerte evidencia a favor de la domesticación del caballo por el Cro-Magnon.

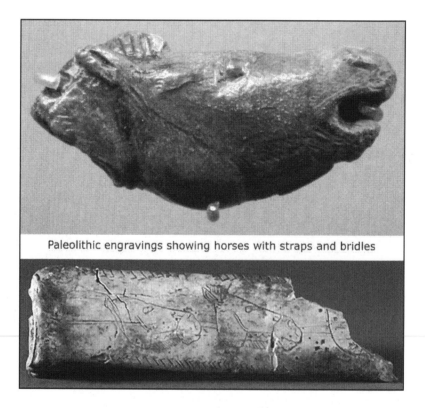

Paleolithic engravings showing horses with straps and bridles

(Figura 24)

Numerosos sitios, que remontan tan lejos como a 16,000 a.C., dan evidencia a la práctica de la agricultura. Los arqueólogos, sin saber cómo dar cuenta a tal circunstancia, etiquetan estas actividades como "falso amanecer."(94) Los antropólogos profesionales saben que, sin la agricultura, la Atlántida, o cualquier otra civilización antediluviana, no es más que un mito. Durante el período Magdaleniense (16,000-10,000 a.C.) las innovaciones en la tecnología llegaron tan rápidas que los arqueólogos tuvieron que dividirlo en Magdaleniense I-VI.(76)

Algunos han especulado que las cuatro "invasiones" ocurrieron simplemente porque la Atlántida era geológicamente inestable, y que cada unos miles de años fueron sometidos a trastornos graves, enviando hordas de refugiados a varias islas del Atlántico y las costas occidentales de los continentes de Europa y África.(76) Esto nos lleva a otro misterio: Sin la Atlántida, ¿cómo es que estos "primitivos sin barcos" quedaron esparcidos entre las Islas Canarias, las Islas Británicas y otros lugares?

El nivel de los océanos, era 400 pies más bajo que en la actualidad durante ciertos períodos de la Edad de Hielo, lo que dejó a varias de estas islas conectadas a Europa por medio de "puentes terrestres". Muchos profesionales especulan que los antiguos hombres de Cro-Magnon utilizaron tales puentes de tierra para popular las islas desde el continente. Pero ¿dónde está la evidencia del "período de gestación" necesario para las industrias de las herramientas avanzadas del Cro-Magnon? Tal evidencia absolutamente nunca ha sido descubierta. Según lo indicado por el profesor Bordes, el Auriñaciense llegó "ya listo" de "otro lugar", como lo hizo el Ateriense en el norte de África.(40)

El Aziliense, la "invasión" final, ocurrió aproximadamente a 10,000 a.C., sospechosamente cerca de la fecha en la que Platón dice que la Atlántida se hundió. Tenemos cuatro invasiones del Cro-Magnon, en ambos lados de Gibraltar, que se produjeron durante un período de poco menos de 25 mil años: el Auriñaciense, Solutrense, Magdaleniense y Aziliense. La última se produjo justo cuando se dice que la Atlántida había desaparecido, y desde esa fecha mágica, no han habido más invasiones del Cro-Magnon. La Atlántida, la aparente fuente de las invasiones, había desaparecido.(40, 76)

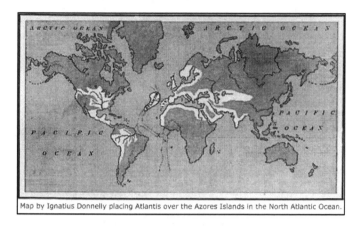

Map by Ignatius Donnelly placing Atlantis over the Azores Islands in the North Atlantic Ocean.

(Figura 25)

El Cro-Magnon tenía una estatura muy alta. Un promedio de más de seis pies (1.83 metros), y lucía pómulos más pesados, una frente pesada y una fuerte mandíbula. La raza original del Cro-Magnon era extremadamente dolicocefálico (cabeza larga de adelante hacia atrás) y sin embargo, tenía una cara corta y frente amplia. Esta extraña combinación es conocida como "disharmonismo" entre los antropólogos que lo consideran como un rasgo del diagnóstico (o definición) del Cro-Magnon.(43) Su cerebro era tan grande que, incluso con la gran mandíbula y la barbilla prominente, su línea de la frente a la barbilla es básicamente vertical. El Combe Capelle y el Hombre de Brünn promediaron 1525cc, encima de la media(41), la medida del cerebro de un hombre de Cro-Magnon fue de 1743cc.(76) También se han encontrado otras clases de Cro-Magnon en ciertas partes de Norte y Sur América, incluso hasta en la Tierra del Fuego, donde se han encontrado esqueletos de tipo Cro-Magnon de 10,000-12,000 años de antigüedad.(76) Estas distinciones asumen mayor importancia si la Atlántida es el posible origen de los primeros humanos que son modernos, y no sólo anatómicamente correctos.

Así que tenemos fósiles únicos encontrados tanto en Europa occidental como en el otro lado del Atlántico. ¿Pudo el Hombre de Cro-Magnon realmente ser un Atlante? Una cosa es cierta, no hay nada en el registro fósil o genético que indique que originó en la África subsahariana; una teoría que todavía puede ser políticamente correcta, pero que ya no puede ser considerada científicamente correcta.

Capítulo 4

Al mirar a las Islas Británicas en un mapa, su ligero tamaño podría hacer que algunos de nosotros nos preguntemos si en unos miles de años ¿la gente supondría que éste pequeño grupo de islas pudo haber establecido unas rutas comerciales conectando a las culturas del mundo civilizado? ¿El Imperio Británico finalmente quedaría de lado como otro mito anticuado? En 1882, el congresista Ignatius Donnelly comentó:

◇◇

No hay fantasía ni mitos en la narración de Platón. Es una historia sencilla y razonable de un pueblo que construyó templos, barcos y canales; quienes vivían de la agricultura y el comercio; quienes, en la búsqueda del comercio, tendieron la mano a todos los países a su alrededor... Vemos a un inmigrante entrando en el país, casándose con una de las mujeres nativas, y estableciéndose; con el tiempo una gran nación crece a su alrededor.(101)

◇◇

En otras palabras, era tan normal para Donnelly el aceptar la posibilidad de una historia no de ficción de la Atlántida como la describe Platón, como era el suponer que una gran red de gobiernos de habla Inglés debió haber crecido alrededor de las pequeñas Islas Británicas: explorando, comercializando, colonizando. Platón quizá no estaba hablando de un mito, sino de un dominio geopolítico ignorado u olvidado de una civilización marítima antediluviana.(131)

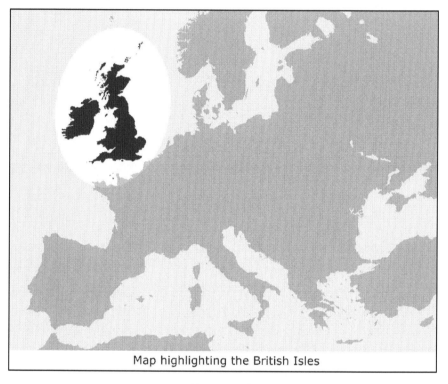
Map highlighting the British Isles

(Figura 28)

La historia de Platón sobre la Atlántida llega a nosotros a través de dos de sus libros, Timeo y Critias. La narración es transmitida a través de una conversación dicha a él por su distinguido abuelo Solón, quien viajó a Egipto, trayendo de regreso a Atenas la antigua leyenda egipcia. Los sacerdotes egipcios respetaron el estatus y la reputación de Solón y cordialmente le dieron la bienvenida. Ellos también respetaban a los antiguos atenienses, a quienes consideraban como parientes, creyendo que su deidad Neit era la misma deidad que los griegos conocían como Atenea. Se dice que tanto Sais (Egipto) en 8,600 a.C, y Atenas (Grecia) en 9,600 a.C., fueron fundadas por la misma diosa Atenea (Neit).(102,138)

Solón era un estadista griego de gran prestigio, reconocido por su poesía, las reformas sociales y las políticas semi-igualitarias; más notablemente la distribución de la riqueza. Hoy en día, las estatuas de Solón son mostradas en las salas de la Biblioteca del Congreso, la Cámara de Representantes, y la Corte Suprema de los Estados Unidos, en honor a las contribuciones que Solón hizo a la reforma, a la creación de las leyes igualitarias y el inicio de la formación de un gobierno democrático como oposición de uno gobernado exclusivamente por una nobleza.(139)

Se sabe que Solón viajó a Sais, Egipto, en el 560 a.C., y se enteró de la historia de la Atlántida por un grupo de sacerdotes: unas leyendas que ellos obtuvieron de unas tabletas y escritos muy antiguos grabados sobre unas columnas de las cámaras de la realeza de Egipto. La Atlántida fue finalmente destruida alrededor de 9650 a.C., de acuerdo a las inscripciones.(140)

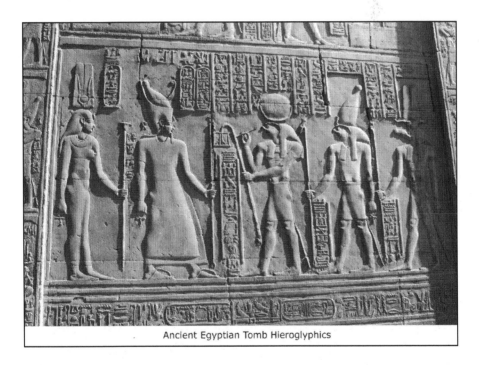

Ancient Egyptian Tomb Hieroglyphics

(Figura 29)

Los sacerdotes dijeron que la Atlántida se encontraba fuera de las Columnas de Hércules, lo que era por lo que las rocas de Gibraltar eran conocidas en los tiempos antiguos. Esto pone a la Atlántida en algún lugar en el Atlántico, lo que uno podría suponer que sería el nombre del océano que rodeaba la Atlántida.(102,138) Nosotros aprendemos por los sacerdotes egipcios que las condiciones oceánicas eran diferentes en el pasado antediluviano, lo cual tiene sentido, ya que los niveles del mar eran globalmente 400 pies más bajos durante la Edad de Hielo, que es cuando se dice que la Atlántida existió, de lo que son hoy en la actualidad. Las pequeñas islas en el Atlántico, como las Azores, tuvieron que haberse conectado, teniendo una superficie mucho más seca. Los sacerdotes continúan diciendo:

En aquella época, se podía atravesar aquel océano, dado que había una isla delante de la desembocadura que ustedes llaman las "Columnas de Heracles". Esta isla era más grande que Libia y Asia juntas, y de ella los de entonces podían hacer su camino a las demás islas, y de allí a todo el continente opuesto, que rodea el verdadero océano exterior.(138)

El sacerdote egipcio que habló con Solón estaba impresionado con la antigua, aunque avanzada, civilización marinera de los Atlantes. Esto es digno de mención porque, en aquellos tiempos lejanos, se pensaba que Egipto, aunque en declive desde hace siglos, era la civilización más avanzada del mundo en ese tiempo.(138)

El sacerdote mencionó que los atlantes tenían en su posesión una tecnología muy avanzada. También afirmó que los atlantes no temían a la muerte. Ya sea porque creían ser inmortales o porque tenían el suficiente conocimiento sobre el más allá como para no temer a la muerte. Los sacerdotes dijeron a Solón que la magnífica antigua civilización desapareció más o menos 9,000 años antes de su tiempo, en el año 500 a.C.. Luego se le explicó a Solón el por qué era que los egipcios todavía conservaban sus antiguos registros y el por qué los griegos no: como consecuencia directa de las muchas catástrofes globales que han acontecido, que asolean periódicamente su civilización de nuevo en un estado primitivo de amnesia colectiva.(138) El sacerdote egipcio continuó explicando:

Ciertamente en el momento en que usted y otras naciones están comenzando a ser proporcionados con las letras y los demás requisitos de la vida civilizada, después del intervalo usual, la corriente del cielo, como una peste, es derramada hacia abajo y deja sólo a aquellos de ustedes que están desprovistos de letras y la educación; por lo que tienen que comenzar todo de nuevo como niños, sin saber nada de lo que sucedió en la antigüedad. Han habido y habrán de nuevo, muchas destrucciones de la humanidad que surgirán de muchas causas; las mayores han sido provocadas por las agencias del fuego y el agua, una declinación de los cuerpos que se mueven en el cielo alrededor de la tierra, y una gran conflagración de las cosas sobre la tierra, que se repite después de intervalos largos. Usted recuerda sólo un diluvio, pero han habido varios. En segundo lugar, ignoras que la mejor y más perfecta raza de hombres antiguamente habitó en su país, y que de un solo germen de esta raza que escapó a la destrucción, es a lo que debe el origen a su ciudad. Esto era desconocido para usted, ya que, durante muchas generaciones, los sobrevivientes de esa destrucción murieron sin dejar nada por escrito.(138)

Solón tradujo diligentemente los registros históricos de Egipto a la lengua griega para llevarlos de regreso a Atenas, retratando vívidamente los acontecimientos sorprendentes que fueron descritos a él, descifrando con pericia los nombres de los personajes de esta antigua saga épica. Platón continúa describiendo el antiguo imperio a como Solón lo había dictado hace milenios:

Solón quedó maravillado de sus palabras, y fervientemente le pidió a los sacerdotes que le informaran exactamente y en orden sobre estos antiguos ciudadanos. Eres bienvenido a oír hablar de ellos, Solón, dijo el sacerdote, tanto para tu propio bien como para el de tu ciudad, y sobre todo, por el bien de la diosa quien es la patrona común, pariente y educadora de nuestras dos ciudades. Fundó tu ciudad mil años antes de la nuestra, recibiendo de la Tierra y Hefesto la semilla de tu raza, y después de esto fundó la nuestra, la cual según nuestros registros sagrados es de ocho mil años de antigüedad. Ahora en esta isla de la Atlántida había un gran y maravilloso imperio que tenía dominio sobre toda la isla y varias otras, y sobre partes del continente, y, por otra parte, los hombres de la Atlántida habían sometido las regiones de Libia (la actual África) dentro de las columnas de Hércules hasta Egipto, y de Europa hasta Tirrenia (la actual Italia). Este vasto poder, se unió en uno sólo, tratando de someter de un solo golpe a nuestro país y al tuyo, y al conjunto de la región dentro de los estrechos; y luego, Solón, tu país brilló, en la excelencia de su virtud y fuerza, entre toda la humanidad. Ella era preeminente en coraje y habilidad militar, y fue la líder de los helenos. Ella pasando por el extremo peligro, derrotando y triunfando sobre los invasores, dejando en la esclavitud a los que aún no habían sido subyugados, y generosamente liberando todo el resto de nosotros los que habitamos dentro de los pilares.(138)

La descripción de cómo la civilización atlante se produjo, según lo dado por Platón en Critias, pueden resumirse por las interacciones entre una élite de personas, quienes eran los "dioses", y los mortales que ellos gobernaban. En los primeros tiempos los dioses dividieron la tierra entre ellos, la dosificación fue de acuerdo a sus respectivas dignidades. Cada uno se convirtió en la deidad peculiar de su propio huerto, construyendo magníficos templos para sí mismos, ordenados por un sacerdote, y estableciendo un sistema de sacrificios.(138) Poseidón recibió el mar y la isla-continente de la Atlántida. En medio de la isla había una montaña que era la morada de Cleito, una primitiva humana mortal. La doncella era muy hermosa, y pronto fue cortejada por Poseidón, con quien después tuvo hijos.(138)

Poseidón repartió su continente entre estos hijos, y Atlas, su hijo mayor, al que hizo el jefe supremo. Poseidón llamó al país Atlántida y al mar que lo rodeaba el Atlántico, en honor a Atlas. Platón continúa diciendo:

Los descendientes de Atlas continuaron como gobernantes de la Atlántida, y con el sabio gobierno y la industria elevaron al país a una posición de superamiento digno. Los recursos naturales de la Atlántida eran aparentemente ilimitados. Los metales preciosos fueron minados, los animales salvajes domesticados y perfumes fueron destilados de sus flores fragantes. Mientras que disfrutaban de la abundancia natural de su ubicación semi-tropical, los atlantes se emplearon también en la construcción de palacios, templos y muelles. Ellos puentearon las zonas del mar y después cavaron un canal profundo para conectar el océano exterior con la isla central, donde estaban los palacios. Y el templo de Poseidón, el que sobresalía sobre todas las demás estructuras en magnificencia. Una red de puentes y canales había sido también creado por los atlantes para unir las distintas partes de su reino.(138)

Platón describe a continuación, las piedras blancas, negras y rojas que se extraían por debajo de su continente y las que se utilizaban para la construcción de edificios públicos y muelles.

La ciudadela, en la isla central, contenía los palacios, templos y otros edificios públicos. En su centro, rodeado por un muro de oro, se encontraba un santuario dedicado a Cleito y Poseidón. Allí nacieron los diez primeros príncipes de la isla, y allí mismo cada año, sus descendientes llevaban ofrendas. El templo de Poseidón tenía su exterior completamente cubierto de plata y sus pináculos de oro, este también se encontraba de pie dentro de la ciudadela. El interior del templo era de marfil, oro, plata, y oricalco, incluyendo los pilares y el piso. Dentro del templo había una colosal estatua de Poseidón, de pie sobre un carruaje tirado por seis caballos alados, y de él cien Nereidas cabalgando sobre delfines.

Afuera del edificio había unas estatuas de oro de los diez primeros reyes y sus esposas. En las arboledas y jardines había manantiales calientes y fríos. Había numerosos templos dedicados a diversas deidades, lugares de ejercicio para hombres y bestias, baños públicos, y una gran pista de carreras de caballos. En varios puntos habían fortificaciones, y a el gran puerto llegaban buques de todas las naciones marítimas. Las zonas estaban tan densamente pobladas que el sonido de la voz humana se encontraba siempre en el aire. Esa parte de la Atlántida frente al mar, fue descrita el ser alta y precipitada, pero la ciudad central era una llanura abrigada por las montañas, famosas por su tamaño, su número y su belleza. La llanura producía dos cosechas al año, regadas en el invierno por las lluvias, y en el verano por inmensos canales de riego, los que también fueron utilizados para el transporte. La llanura estaba dividida en secciones. Cada uno de los reyes de la Atlántida tenía un control completo sobre su propio reino, pero sus relaciones mutuas eran regidas por un código grabado por los diez primeros reyes en una columna en el templo de Poseidón.(138)

Platón concluye su descripción al declarar que fue éste gran imperio el que atacó a los estados helénicos. Esto no ocurrió, sin embargo, hasta que el poder y la gloria desvío a los reyes atlantes de la vía de la sabiduría y la virtud. Llenos de falsa ambición, los gobernantes de la Atlántida decidieron conquistar lujuriosamente el mundo entero. Zeus, percibió la maldad de los atlantes, reuniendo a los dioses en su santa morada, y dirigiéndose a ellos. Aquí el relato de Platón llega a un final abrupto, ya que Critias nunca fue terminado.(138) En su otro escrito donde menciona a la Atlántida, Timeo, hay una descripción más detallada de la muerte violenta de su civilización, dada a Solón por el sacerdote egipcio, la que concluye:

Pero después se produjeron violentos terremotos e inundaciones; y en un solo día y noche todos los hombres guerreros en un cuerpo se hundieron en la tierra, y la isla de la Atlántida de igual manera desapareció hundiéndose bajo el mar. Y es esa la razón por la cual el mar en esas partes es infranqueable e impenetrable, porque existe una gran cantidad de barro en el camino; y esto fue causado por el hundimiento de la isla.(102)

◇◇

Estas condiciones son una descripción razonable del tiempo de transición desde la fecha que Platón da de la desaparición de la Atlántida alrededor de 9500 a.c.. Los niveles globales del mar han aumentado 300-400 pies desde la Edad de Hielo, que es cuando se dice que la Atlántida de Platón debió haber existido, así que las islas sumergidas en el Atlántico tienen sentido.

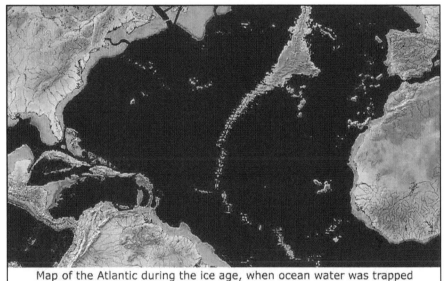

Map of the Atlantic during the ice age, when ocean water was trapped as glaciers, and sea levels were 400 feet lower than they are today.

(Figura 30)

Hubo una extinción masiva global. La actividad volcánica fue considerablemente mayor de lo que es hoy en día, lo suficiente como para que los científicos acaben dos edades geológicas (Plioceno y Pleistoceno), justo en la fecha de la desaparición de la Atlántida que da Platón, comenzando una nueva edad (Holoceno) después de 1.8 millones de años.

La antigua palabra egipcia para la Atlántida es Aten o Atlen. Muchos pueblos antiguos dan nombres muy similares a una isla o continente antiguamente situada en el Océano Atlántico. Las tribus bereberes del norte de África la llamaron Attala, los vascos de los Pirineos la llamaron Atlaintika, los vikingos del norte de Europa la llamaron Atli, los babilonios de Mesopotamia la llamaron Arallu y los Aztecas de Mesoamérica la llamaron Aztlan o Tulán. Los hindúes se refiere a la Atlántida en diversas etapas de su evolución, como Atala, Saka-dvipa (la temprana Atlántida), Sveta-dvipa ("isla blanca"), Ruta y Daitya (grandes islas que habían quedado después de que la mayor parte de la Atlántida se hubiera hundido) y Sankha - (o Sancha) dvipa (Poseidón).(105)

Las interpretaciones de Platón proponen que la Atlántida era una difusión mundial. Que su leyenda y mitologías habían llegado a todos los rincones del mundo. Esto queda claro por las listas sagradas de los dioses-reyes de todo el mundo, la documentación de la procesión no sólo de las primeras deidades de la historia, sino también de sus descendientes los semidioses.(103) Platón nos dice que la Atlántida fue gobernada por diez reyes antes de su desaparición. Esta misma lista de diez gobernantes, llega hasta nosotros en todas las obras antiguas referentes a los tiempos antediluvianos, pre-inundación, incluyendo la Biblia y la lista de los Reyes Sumerios. La mitología egipcia también dice que había originalmente 10 reyes-dioses antediluvianos, que gobernaron en un país extranjero al occidente. Ellos fueron llamados los Auriteans, pero la pronunciación real es insegura porque en los jeroglíficos solamente nos aproximamos a los sonidos reales audibles.(104) Sanchuniathon, el gran historiador fenicio, llama a estos mismos reyes "Aleteans" en 1193 a.C., lo que es 600 años antes de que Platón naciera, así que pre-data a Platón, a Herodoto, e incluso a Solón.(133)

El Libro Egipcio de los Muertos, el que se cree que fue compuesto alrededor de 4000 a.C., nos habla de una isla en el oeste, la que fue destruida por el agua, y los dioses-reyes que sobrevivieron navegaron hacia el este a Egipto.(134) Estos mismos dioses-reyes podrían fácilmente ser comparados con los Titanes de la mitología griega, y son de hecho, los mismos. Los antiguos egipcios, los sumerios y los griegos no sólo hablan de los 10 dioses-reyes, sino que también enumeran a sus reemplazantes, lo que ocurrió aproximadamente a 9850 a.C.

Manetón, también conocido como Manetón de Sebennytos, fue un historiador egipcio y sacerdote de Sebennytos, quien vivió durante la época ptolemaica, alrededor del siglo tercero antes de Cristo. Él escribió el

Aegyptiaca (Historia de Egipto), y sus contribuciones históricas son de gran interés para la egiptología, ya que son utilizadas a menudo como evidencia de la cronología de los reinados de los faraones. Manetón tradujo las listas de los reyes egipcios en el 250 a.c., y reveló que el número total de años que abarcan todas las listas de los reyes es igual a 36,525. Este período de tiempo se adapta perfectamente al período del Hombre de Cro-Magnon en el registro fósil.(135,136) De acuerdo con la cronología de Manetón, los dioses comenzaron a gobernar la Tierra hace unos 36,525 años atrás, lo que duró hasta hace unos 22,625 años, cuando los semidioses les precedieron, hasta hace unos 11,600 años cuando los humanos mortales comenzaron a gobernar hasta el día de hoy.(136) También señaló que los PRIMEROS reyes no gobernaron desde Egipto, sino de un país extranjero. Egipto era originalmente ya sea un campo, una colonia, o una nación conquistada.(104) En la Biblia (Génesis 6: 1-2,4) dice:

Y aconteció que cuando los hombres comenzaron a multiplicarse sobre la faz de la tierra, y les nacieron hijas, los hijos de Dios vieron que las hijas de los hombres eran hermosas, y tomaron para sí mujeres de entre todas las que les gustaban. Y había gigantes en la tierra en aquellos días, y también después, cuando los hijos de Dios se unieron a las hijas de los hombres y ellas les dieron a luz hijos. Estos son los héroes de la antigüedad, hombres de renombre.(137)

Otras fuentes directas son la lista de los reyes en el templo de Osiris en Abydos, la Piedra de Palermo (un documento de la 5ta dinastía) y el Papiro de Turín (un documento de la dinastía 19o).(104,136) Al Rey Thoth, a menudo llamado Thoth el Atlante o el Escriba, se le atribuye la invención de la escritura, y la mayor parte de sus escritos pueden ser encontrados en el Libro Egipcio de los Muertos. Él supuestamente vivió como un gobernante noble en una "Isla de la Llama al Oeste".(104) Platón describe a los atlantes como una noble raza al principio, pero los que se convirtieron en codiciosos, materialistas, bélicos, y genéticamente diluidos al mezclarse sexualmente con "los mortales". En Critias (360 a.C.), Platón escribe:

Durante muchas generaciones, mientras la naturaleza divina estaba en ellos, ellos eran obedientes a las leyes, y afectuosos al dios, de cuya semilla eran ellos.(138)

Sin embargo, los atlantes desobedecieron sus tabúes culturales y sociales con respecto a la mezcla interracial, y de acuerdo a los egipcios, a través de los griegos, su una vez gran civilización e imperio se hizo corrupto y degradado:

Cuando la parte divina comenzó a desvanecerse, al diluirse por la tanta y demasiada mezcla mortal, y la naturaleza humana tomó la ventaja, entonces ellos, siendo incapaces de soportar su fortuna, se comportaron indecorosos.(138)

Según Platón, los atlantes heredaron sus apariencias "divinas" de Poseidón, quien se enamoró de Cleito, y a quien le construyó un palacio en una colina en la Atlántida. Tuvieron 5 pares de gemelos, el mayor de ellos fue llamado Atlas, pero el nombre no sólo es el de la isla/continente, sino también el de una estrella específica en las Pléyades, de la que dicen que descendieron.(102,138)

EL POBLAMIENTO DE LAS AMÉRICAS

La cultura Clovis es una cultura paleo-india prehistórica que apareció hace 11,500 RCP (años de radiocarbono antes del presente), al final del último período glacial (edad de hielo), caracterizada por la fabricación de las "puntas Clovis" (puntas de lanza) y las distintivas herramientas de hueso y marfil.

Según al "primer paradigma Clovis", el que ganó ascendencia en la mitad del siglo 20, los primeros habitantes de las Américas eran personas relacionadas con la cultura Clovis. Comenzando en algún tiempo alrededor del 12,000 a.C., teóricamente ellos cruzaron desde Siberia a Alaska sobre el puente de tierra de Beringia creado por los niveles bajos del mar durante la Edad de Hielo, avanzando hacia el sur a través de un corredor libre de hielo al este de las Montañas Rocosas a cómo los glaciares se iban retirando. Consecutivamente, ellos se extendieron rápidamente a todas las partes de América y supuestamente poblando toda América del Sur.

Antes de la segunda guerra mundial, los antropólogos convencionales insistían en que los seres humanos habían entrado por primera vez a América hace sólo 4,000 años, y a cualquier persona que intentara argumentar lo contrario, se le trataba con hostilidad. Una vez que las pruebas para la ocupación por la cultura Clovis en el 12,000 a.C. llegaron a ser ampliamente aceptadas, entonces ellos procedieron a tratar a cualquier profesional que afirmara el haber encontrado evidencia de una presencia humana aún más temprana en las Américas con el mismo prejuicio que ellos mismos habían sufrido anteriormente. Sin embargo, el primer paradigma Clovis se ha hecho cada vez más insostenible a como la evidencia fiable va dirigiendo a un anterior asentamiento humano.

Muchos investigadores dudan que los Indios Americanos tenían un único origen cultural, ya que hablaban una increíble variedad de lenguas, celebraban una multitud de creencias y costumbres religiosas, y practicaron una serie de diferentes, y a menudo, contrastantes estilos de vida.

La semejanza de varios Indios Americanos de hoy, a los pueblos mongoloides de Asia fue reconocido hace mucho tiempo, y las migraciones de esa región probablemente tuvieron lugar. Sin embargo, sólo en momentos concretos Beringia formó un puente de tierra libre de hielo, y hubo un corredor libre de hielo en el corazón de América del Norte. Esta es una de las razones por las que la posibilidad de la migración costera/marítima también es ampliamente reconocida. La fijación de las migraciones a través del estrecho de Bering es científicamente injustificada. Los primeros sitios arqueológicos no se encuentran en el este de Beringia, ni tampoco los sitios se van haciendo progresivamente más jóvenes a cómo uno va viajando al sur a través de las Américas.

Utilizando el análisis de la genética moderna, los científicos han descubierto que la gente del norte de Europa, incluyendo algunos británicos, escandinavos, franceses y algunos europeos del este, descienden de una mezcla de dos poblaciones ancestrales muy diferentes, y uno de estos grupos está relacionado con los Indios Americanos. Esta investigación fue publicada en la edición de noviembre del 2012 de la revista Genética, de la Sociedad de Genética de Estados Unidos. De acuerdo a Nick Patterson, el primer autor del informe:

>>

Hay un vínculo genético entre la población paleolítica de Europa y los Indios Americanos modernos. La evidencia es que la población que cruzó a las Américas hace más de 15,000 años estuvo probablemente relacionada con la antigua población de Europa.(108)

>>

Quienquiera que hayan sido los Clovis, eran grandes cazadores y dejaron atrás puntas de lanzas distintas, las que fueron encontradas en la mayor parte del Norte y el Centro de América en el siglo 20. Nada similar ha sido encontrado en el este de Asia, Siberia o Beringia. Las puntas Clovis son parecidas a las puntas de lanza del Cro-Magnon o a las de la siguiente cultura solutrense, quien fue dominante en la actual Francia y España alrededor de 21,000 a 17,000 años atrás. Según George Weber, autor de "El Pueblo Clovis":

>>

Es significativo que las más antiguas herramientas Clovis se encuentran en las regiones del este y sudeste de América del Norte, en lugar del noroeste, donde uno las esperaría ver, si es que el pueblo Clovis llegó desde Siberia y Alaska.(106)

>>

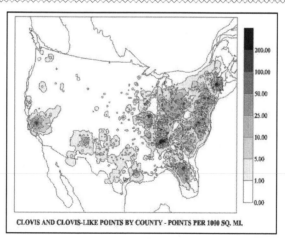

CLOVIS AND CLOVIS-LIKE POINTS BY COUNTY - POINTS PER 1000 SQ. MI.

(Figura 31)

El Dr. Douglas W. Owsley, Jefe de la División de Antropología Física del Museo Nacional de Historia Natural de la Institución Smithsonian, describió recientemente al cráneo del Kennewick de 9,500 año de edad, así como a algunos otros cráneos americanos de la Edad de Hielo que datan a más de 9,000 años de antigüedad, el tener una "cabeza larga y una cara corta."(107) El Dr. Göran Burenhult, profesor de arqueología en la Universidad de Gotland, en Suecia comentó:

Sobre los antiguos Caucásicos en América, el hombre de Kennewick, no ha sido el único hallazgo. Otros incluyen el cráneo del Peñón de 13,000 años de edad encontrado en México, el sitio de Monte Verde en Chile de 12,500 años de antigüedad, la momia de la Cueva del Espíritu en el condado de Churchill de 9,400 años de edad, Nevada, y otros. El ADN que distingue a los indios estadounidenses de los mongoloides también fortalece la evidencia anterior. Las herramientas de piedra Pre-Clovis y Clovis encontradas en América son similares a las del norte de Europa Occidental, conocidas como Solutrense. Estas herramientas no han sido encontradas en Siberia.(107)

Las herramientas de piedra encontradas en Cactus Hill en Virginia, fechadas a 17,000-15,000 a.C., parecen representar un estilo de transición entre las culturas Solutrense y Clovis. Sitios similares incluyen a Page-Ladson en Florida, con huesos de animales y artefactos humanos que remontan a alrededor de 14,500-12,500 a.C., y el refugio de piedra de Meadowcroft en el suroeste de Pennsylvania, con evidencia de ocupación que data a 19,000-16,000 a.C.(106) Un número creciente de arqueólogos insisten en que personas relacionadas con la cultura Solutrense debieron haber emigrado de Europa a América del Norte alrededor de 20,000 a 15,000 años atrás, influenciando más tarde con la tecnología de sus herramienta de piedra el desarrollo de la fabricación de las herramientas de la cultura Clovis en las Américas.

LA GENTE PINTADA DE ROJO: EL MARÍTIMO ARCAICO

Miles de años antes de Colón y Eric el Rojo, unas personas altas, de piel clara vivían en comunidades bien organizadas en las costas de Bretaña, Dinamarca, Labrador, y especialmente en Maine. Los rasgos biológicos en los cráneos y esqueletos de los Arcaicos Marítimos, a como son llamados, indican que fueron de la misma raza que algunos de los vascos de Europa.(109) A pesar de datar hasta 7000 a.C., estas personas había desarrollado un alto grado en la artesanía, expertamente usando herramientas para crear fuego superiores a las de los indios posteriores. Sus instrumentos implican un alto grado de habilidad en el trabajo de la madera, e incluso crearon barcos en los que al parecer viajaron distancias considerables.(107)

Ellos son famosamente conocidos como "la gente pintada de rojo" debido a que tradicionalmente se pintaban la piel con ocre rojo, de aquí obtenemos el término "pieles rojas". Por supuesto, su derogatoria hecha por razones políticas no tiene nada que ver con el origen étnico, ya que estos nativos de ese período de tiempo fueron de piel tan blanca como los vasco en España. La gente pintada de rojo también utilizó el ocre rojo en gran medida en rituales, rociándolo sobre sus tumbas y los cuerpos de familiares fallecidos. Esta es una costumbre bien establecida que puede ser vista en donde quiera que los Cro-Magnon se hayan establecido, incluyendo el otro lado del Atlántico. Un ejemplo sería en Egipto, donde encontramos los restos momificados de un pelirrojo apodado "Ginger" de 5,500 años de antigüedad, el que se exhibe hoy en día en el Museo Británico.

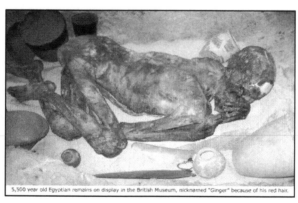

5,500 year old Egyptian remains on display in the British Museum, nicknamed "Ginger" because of his red hair.

(Figura 32)

Lo mismo puede ser visto todavía en las antiguas murallas y estatuas egipcias, con los hombres simbólicamente pintados de rojo. Además del simbolismo, el ocre rojo es compuesto de óxido de hierro, lo que es el ingrediente activo en la mayoría de las marcas de protector solar; una necesidad para cualquier persona de piel ultra clara en regiones que requieren de protección solar.

Desde la época de los asentamientos europeos tras el "descubrimiento" realizado por Colón, se han encontrado una multitud de tumbas de ocre rojo. Las primeras personas las miraban con suspicacia extrema; el encontrar una tumba era considerado un mal presagio. Algunos aventureros, sin embargo, le encontraron ventaja, les desenterraban la pintura, para utilizarla en sus propios muebles y otros artículos de madera.

Al principio, a los depósitos de ocre, los que siempre estaban acompañados por extrañas armas de piedra, no se les asociaba con entierros. Algunas de las mejores colecciones de sus artefactos se encuentran en el Museo Peabody y en la Academia Phillips Andover. Los hallazgos de una treintena de cementerios han sido registrados.(148)

Por supuesto, se han encontrado muchos cementerios de los que no hay registros, con sus reliquias excavadas, perdidas o dispersas. Todos los cementerios documentados en Maine se encuentran cerca del agua que puede ser navegable en pequeñas embarcaciones. Todos, excepto por dos, se encuentran en las orillas de los ríos o cerca de la costa; las dos excepciones, se encuentran en un terreno elevado, pero al lado de lo que alguna vez pudo haber sido el curso de un arroyo, ahora desviado a otra dirección.

La gente pintada de rojo retuvieron muchos rasgos y habilidades de sus antepasados quienes escaparon de la Atlántida. Sin embargo, al igual que otros descendientes y sobrevivientes de todo el mundo, sus civilizaciones nunca alcanzaron las alturas alcanzadas previamente en su patria original.

HAPLOGRUPO X

¿Qué es el ADN mitocondrial? Cada mitocondria es una bacteria separada. Cada una de nuestras células (excepto los glóbulos) contiene cientos de miles de mitocondrias. Las mitocondrias convierten el azúcar en forma de una molécula de glucosa, en energía. Así que, las mitocondrias son la base de la vida, porque sin ellas muchas de nuestras células simplemente no funcionarían. Y ya que son bacterias separadas, estas tienen su propio ADN que difiere del ADN humano. La escalera del ADN mitocondrial tiene sólo 16,569 pasos. Por lo tanto es mucho más propicio para usarse en la investigación que el ADN humano. Se le abrevia como ADNmt. Dado que el ADN de una mitocondria no es humano, ¿de dónde viene cuando nace un nuevo ser humano? La respuesta es que el niño recién nacido toma algunas mitocondrias de la madre - no del padre.(139)

Ahora las cosas se ponen interesantes. El ADN de las mitocondrias mutan. Estas mutan a un ritmo muy bien entendido y predecible. Al analizar el ADN mitocondrial de los seres humanos vivientes y al compararlos con otros seres humanos, los científicos pueden determinar el linaje de la línea materna; de madres a hijas. Ellos pueden después tomar muestras antiguas del ADN mitocondrial, digamos de un diente o hueso que tiene miles de años de antigüedad, y comenzar a estudiar los patrones migratorios antiguos. En algunos casos, este análisis del ADNmt tiene conflictos con los paradigmas permanentes de la arqueología. Muy notablemente esto ha ocurrido en relación con el origen de los Indios Americanos.(139, 141)

Como el ADNmt muta a una cierta velocidad predecible, es posible juzgar cuándo las poblaciones distantes originalmente se divergieron, en base a qué tan diferente es el ADNmt que tienen hoy. Si un grupo de personas se divide, digamos algunos van hacia el este y los otros hacia el oeste, es probable que las mutaciones del ADNmt encontradas en el este, pero no el oeste, se originaron después de que el grupo se separara. Cuenta las mutaciones y la velocidad a la que se habrían producido y podrás averiguar una estimación de cuando el árbol familiar se ramificó.(139)

"Usted, literalmente, tiene un reloj genético", explicó Douglas Wallace, profesor de medicina molecular en la Universidad de California, Irvine. Los científicos categorizan al ADNmt en un número de los llamados haplogrupos, en base a sus similitudes y diferencias. El Profesor Wallace simplifica las cosas para nosotros: "Puedes pensar en ellos al igual que los tipos de sangre, que no afectan a la forma en que vive, pero pueden ser identificados a nivel molecular."(139)

La sabiduría convencional para explicar el poblamiento de las Américas, es que los migrantes cruzaron desde el noreste de Asia a Alaska hace unos 12,000 años convirtiéndose en los antepasados de los actuales Indios

Americanos. Pero el análisis del ADN mitocondrial ha revelado algunos vínculos inesperados entre Europa y América del Norte. Cuando los científicos analizaron el ADN mitocondrial de una amplia muestra de Indios Americanos vivientes, encontraron que aproximadamente el 97% tenía el ADNmt de los haplogrupos A, B, C o D. Estos haplogrupos están todos presentes en la actual Siberia y Asia, así que tiene sentido que los antepasados de los Indios Americanos vinieran de esas regiones. Pero la sorpresa fue que, alrededor del 3% de los Indios Americanos examinados tenían el ADNmt de un haplogrupo diferente, llamado X. Algunas poblaciones, como los Ojibwa de la región de los Grandes Lagos, tienen una alta concentración de X (en torno al 25%).(141)

Recientemente ha sido admitido por algunos genetistas que los fundadores de la América Nativa incluían a los de ascendencia Caucasoide, y que la presencia del haplogrupo X en América del Norte abre la posibilidad de una migración temprana hacia el oeste desde Europa.(110,141)

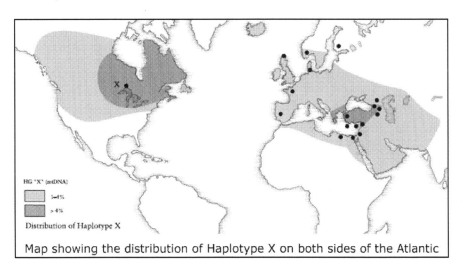

Map showing the distribution of Haplotype X on both sides of the Atlantic

(Figura 33)

Exactamente ¿cómo el haplogrupo X llegó a América del Norte? Una pequeña cantidad se ha encontrado cerca de la Cuenca del Tarim de China (famosa por sus antiguas momias caucásicas), pero definitivamente no es común en los asiáticos de hoy. Puede, sin embargo, ser encontrado en un porcentaje sustancial de la población europea del presente día.(141)

Al observar las diversas mutaciones dentro del haplogrupo X, los científicos son capaces de utilizar ese "reloj genético" para estimar cuando los primeros europeos habrían llegado. Dependiendo del tamaño de un grupo que asumen fue al oeste, ellos llegaron a dos rangos de tiempo: hace ya sea entre 36,000 y 23,000 años, o hace entre 17,000 y 12,000 años.

El haplogrupo X definitivamente **no** llegó a América con los exploradores europeos de los últimos 500 años, ni tampoco llegó con Eric el Rojo y los vikingos. El X Europeo y el X Americano son lo suficientemente diferentes, que los científicos dicen que debió haber divergido hace decenas de miles de años, mucho antes que la era de la exploración introdujera genes europeos al Nuevo Mundo.(111) La evidencia de que el haplogrupo X no es el resultado de los Vikingos o de la aún más reciente mezcla europea, es su presencia en los antiguos Indios Americanos. Las muestras del ADN antiguo del sitio Norris Farms (149), el sitio Windover (150), y la cuenca del Amazonas (151) exhiben los marcadores genéticos característicos encontrados en los individuos asignados al haplogrupo X.(112)

La evidencia del ADN mitocondrial, pasada sólo por las madres, se complementa con las pruebas de los cromosomas Y, que son pasados sólo por los padres. Los cromosomas Y de los Indios Americanos muestran una variedad de haplogrupos, incluyendo los haplogrupos 4 y 1C, que también son característicos de ciertas poblaciones de los pueblos judíos.(142,143) El haplogrupo 1C es bastante común en el Nuevo Mundo que se ha propuesto como un importante haplogrupo fundador para el Nuevo Mundo.(113)

En un estudio del 2001, el haplogrupo X fue identificado en restos de alrededor de 8,000 años de antigüedad encontrados en varios cementerios en una zona tradicionalmente ocupada por los Vascos, los Pirineos de Francia y España (también la ubicación de las pinturas rupestres del Cro-Magnon).(114) Una vez demostrado el raro y misterioso haplogrupo X en la población vasca, así como en América del Norte - la balanza de la evidencia se mueve a una nueva dirección. Los descubrimientos del ADN mitocondrial indican que la población vasca se relaciona con la población indígena de América del Norte. Dado que estos resultados se obtuvieron a partir de cementerios antiguos de 6,000 a 8,000 años en la zona vasca y ya que, también eran antiguos en América del Norte, no fueron causados por actividades después de Colón. Estos ahora, revelan una conexión antigua.(115)

Las estimaciones de tiempo del haplogrupo X entrando a América eran en un principio inestables, porque se han tomado muy pocas muestras. Pero ahora, parece que el haplogrupo X entró al 28,000 a.C. y de nuevo al 10,000 a.C. Estas parecen ser olas de inmigraciones desde el Atlántico. La segunda ola corresponde a la fecha del hundimiento de la Atlántida a como fue dada por Platón. Eso debería contar como otro descubrimiento de apoyo. El origen común de ambas culturas paleolíticas de Europa y América desde la antigua civilización de la Atlántida tiene sentido total, a cómo uno va reflexionando sobre la multitud de similitudes, especialmente genética y culturalmente.

Cabe preguntarse el ¿por qué entonces no hay un mayor grado de tipos raciales caucásicos visibles en la América de hoy? La respuesta puede ser explicada a través de la interacción entre los genes dominantes y recesivos. Una vez que los asiáticos y otros más recientemente llegaran (haplogrupos A-D) comenzó el mestizaje con los anteriores y más antiguos Nativos Americanos (haplogrupo X), los genes recesivos del cabello rubio/rojo y los ojos azules casi desaparecieron por completo. Pero a pesar de esta dilución de rasgos recesivos, todavía existen algunas pruebas de este tipo racial viejo en algunos Indios Americanos vivientes de hoy.

Con una población de más de 300,000 en Chile, el Araucano parece ser una de las poblaciones remanentes más significativas de esta época previa de rubios y pelirrojos en el nuevo mundo. En otros lugares, los indígenas tienen un menor grado de este patrimonio caucasoide, aunque muchos indios norteamericanos son altos, con largos cráneos estrechos, rasgos característicos de este tipo Solutrense temprano. La mayoría de los Indios Americanos son del grupo sanguíneo O (Europeo) y no B (Asiático). El Araucano también es hasta un 20% Rh negativo, poniéndolos a la altura de los vascos como unos de los más relacionados, genéticamente, a los Paleolíticos Europeos Superiores originales.

No sólo es el Rh negativo un gen recesivo, el cabello rubio, el cabello rojo, los ojos verdes y azules son todos genes recesivos y cualquier mezcla con individuos de ojos marrones/cabello negro, dará lugar a la desaparición de estas características visuales, pero aún pueden ser detectadas genéticamente.

Debido al aislamiento de estos primeros habitantes, ellos se volvieron vulnerables a las enfermedades traídas desde fuera de América. Este proceso también fue observado en el Pacífico por los primeros exploradores. Las primeras historias de Tahití indican que más del 10% de la población era caucasoide, pero cuando otro barco llegó 8 meses más tarde, la mayoría de estos nativos de tipo caucásico ya habían sucumbido a la enfermedad provocada por el primer barco europeo. A pesar de esto, los polinesios colocaron a estas personas en alta estima, y fueron encontrados a menudo en posiciones de poder dentro de la sociedad polinesia.

FACTOR DE SANGRE RHESUS NEGATIVO

La sangre de cada persona es uno de los cuatro tipos principales: A, B, AB, u O. Los tipo de sangre están determinados por los tipos de antígenos en las células de la sangre. Los antígenos son proteínas en la superficie de las células sanguíneas que pueden causar una respuesta del sistema inmunológico. El factor Rh es un tipo de proteína en la superficie de las células rojas de la sangre. La mayoría de las personas son Rh positivo. Los que no tienen el factor Rh, son Rh negativo.

El sistema del factor Rh (incluyendo el factor Rh) es uno de los 30 actuales grupos sanguíneos humanos. Los términos de uso común factor Rh, Rh positivo y Rh negativo, se refieren sólo al antígeno D. Las personas ya sea que tengan o no tengan el "factor Rh" en la superficie de sus glóbulos rojos. Casi el 85% de todos los seres humanos tienen sangre Rh positiva. Sus glóbulos rojos contienen una sustancia llamada el factor Rhesus en la sangre. Esto significa que la sangre positiva contiene una proteína que fue descubierta primero en el mono Rhesus, pero no es exclusiva de este mismo. El antígeno es común entre todos los primates. Aunque los chimpancés, por ejemplo, también tienen diferentes grupos sanguíneos, estos no son los mismos que los grupos sanguíneos humanos.

El Rh-negativo ha sido un tema digno de atención para las mujeres con Rh-negativo embarazadas que aportan un hijo con Rh-positivo. En tales casos, puede haber una necesidad de administrar inyecciones especiales para prevenir que los propios anticuerpos de la madre maten al feto. Una madre que es Rh-negativo puede desarrollar anticuerpos contra un bebé con Rh-positivo, y si una pequeña cantidad de sangre del bebé es mezclada con la de ella, podría haber una reacción como si ella fuera alérgica al bebé. El cuerpo de la madre puede producir anticuerpos a los antígenos del Rh en la sangre del bebé. Esto significa que sus anticuerpos pueden atravesar la placenta y atacar a la sangre del bebé. Estos desglosan los glóbulos rojos del feto produciendo anemia, una condición potencialmente fatal cuando la sangre tiene un número bajo de glóbulos rojos.

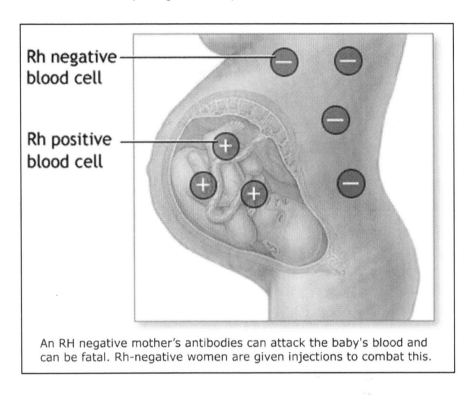

Rh negative blood cell

Rh positive blood cell

An RH negative mother's antibodies can attack the baby's blood and can be fatal. Rh-negative women are given injections to combat this.

(Figura 34)

Esta condición se llama enfermedad hemolítica o anemia hemolítica. Puede llegar a ser lo suficientemente grave como para causar una enfermedad seria, daño cerebral o incluso la muerte del feto o del recién nacido.(103) Esta complicación ha contribuido a la especulación en todo el mundo sobre el origen de este tipo de sangre poco común, y con una razón.

Los factores de sangre se transmiten con exactitud, mucho más que cualquier otra característica. Si la humanidad evolucionó a partir de la misma población ancestral, entonces uno esperaría el encontrar más similitud en su sangre, pero no lo es, a lo que cualquiera que haya necesitado de una transfusión de sangre puede dar fe. En Sangre de los Dioses, Mabel Royce pregunta:

Todos los otros primates terrestres también tienen este factor Rh. Pero esto deja fuera a la gente que es Rh negativo. Si toda la humanidad evolucionó a partir de un mismo ancestro su sangre sería compatible. ¿De dónde vinieron los Rh negativos? Si no son los descendientes del hombre prehistórico, ¿podrían ser los descendientes de los antiguos astronautas?(152)

Si la introducción del tipo de sangre Rh-negativo no es una parte natural de la evolución terrestre, de lo que no parece ser el caso, entonces, ¿fue introducido por una fuente externa? La gente de Cro-Magnon que pobló la costa noroeste de Europa, tenían esta particular y especial sangre, con la que sus descendientes aún viven en la actualidad. Esta fue la única tribu en el mundo con muchos, si no todos, en la que sus miembros tienen sangre Rh-negativo.(146) El Dr. Luigi Cavalli-Sforza publicó un mapa de las poblaciones con el porcentaje de frecuencia de la sangre Rh-negativa.(104) El escribió:

Los genes Rh-negativo son frecuentes en Europa, poco frecuente en África y Asia occidental, y prácticamente ausente en el Este de Asia y entre las poblaciones aborígenes de Australia. Uno puede estimar los grados de parentesco al restar el porcentaje de los individuos con Rh-negativo, digamos, los Ingleses (16%) entre los vascos (25%) para encontrar una diferencia del 9% de puntos. Pero entre los ingleses y asiáticos del este se convierte en 16% de puntos, una distancia mayor que tal vez implica una más antigua separación.(104)

Según numerosas fuentes, la sangre Rh negativa proviene del Paleolítico Superior, o el Hombre de Cro-Magnon.(100) Al observar las frecuencias del tipo de sangre Rh negativo en diferentes demografías de la población, podría ser posible identificar un origen geográfico. A nivel nacional, Australia encabeza el porcentaje de Rh negativos con un 19%. Entre algunas de las tribus de rubios que aún viven en las montañas del Atlas de Marruecos, llamados bereberes, ese porcentaje se duplica a 40%. Tenga en cuenta que no es un promedio nacional, sino restringido a ciertas tribus locales. Otro grupo que aclama legítimas más altas tasas de sangre Rh negativo son los Vascos de los Pirineos, se reportó en diferentes publicaciones el tener hasta un 32%, dependiendo de la ubicación. Los habitantes del Noroeste de Irlanda, los Escoceses de las Altas Tierras y los Isleños del Oeste de Noruega todos tienen entre el 16 y el 25%, mientras que los lapones de Noruega y Finlandia tienen un alrededor del 7%.(145) Estudios exhaustivos de tipos de sangre en las Américas también muestran que los Mayas, los Incas, y los Araucanos (nativos de Chile) tienen/tenían el 5-20% de la población el ser Rh negativa.(147) En base a los datos publicados en, Distribución de grupos sanguíneos ABO y Rhesus (D) en el Norte de Escocia, por Elizabeth S Brown, la frecuencia de los Rh negativos en Escocia varía entre el bajo número de 10.28% en la costa de Moray al 30.44% de Rh negativos en la región de Inverness en la costa oeste.(146) Por último, pero no menos importante, están varias poblaciones judías, como los judíos Caraítas de Irak, quienes también se clasificaron entre las más densas tribus con Rh negativos en el mundo.

Aquí están 8 poblaciones regionales que tienen una tasa superior al 20% del tipo de sangre Rh negativo.

1. Los bereberes, específicamente, los bereberes Ait Haddidu de la región montañosa del Atlas de Marruecos, tienen un porcentaje de Rh negativos tan alto como el 40%.

2. El territorio vasco, situado en la región montañosa de los Pirineos de España y Francia, tiene alrededor del 35% de Rh negativos en su población en las regiones más altas.

3. Escocia tiene más del 20% de Rh negativos en Oxnard y la Isla de Mull, pero puede alcanzar el alto porcentaje de 30% en Iverness.

4. Aunque cercana con muchas similitudes (R1b), Irlanda del Norte se encuentra en una isla separada, y sus estadísticas publicadas sobre su población con Rh negativo es del 27%.

5. En Suiza, las ciudades de Tenna, Versam y Safien en el valle del

Ródano muestran una frecuencia de sangre Rh negativa del 26.5%.

6. El municipio holandés de Bunschoten-Spakenburg en los Países Bajos, cuenta con 20,000 habitantes; el 25% son Rh negativo.

7. Los catalanes, una parte de una comunidad autónoma de España, tienen el 20% de su población con Rh negativo.

8. Un estudio realizado en la década de 1950 examinó un poco más de 100 judíos Caraítas (Haplogrupo R1a) y reveló que el porcentaje de Rh negativos dentro de ese grupo es de alrededor del 28%.

Podríamos tener descendientes de atlantes de la Edad de Hielo dispersos por todo el masivo continente de América del Norte y Sur. Todas las teorías científicas modernas prefieren ignorar la posibilidad de una gran masa de tierra poblada por el Cro-Magnon (Atlántida), situada en el centro del Atlántico Norte, lo que fácilmente podría haber proporcionado migraciones de poblaciones del Cro-Magnon en ambas direcciones (hacia Europa y América) durante la Era de Hielo.(102)

Edgar Cayce, el famoso místico estadounidense conocido como el "profeta durmiente", había sugerido que algunas de las personas que huyeron del continente hundido fueron al oeste, estableciéndose y convirtiéndose en los iroqueses. Otros fueron al este de la Península Ibérica, después a los Pirineos (vascos), la costa oeste del norte de África (guanches), y a las montañas del Atlas (bereberes).(144)

LOS VASCOS

En una ubicación en las montañas entre Francia y España, hay una población semi-aislada de europeos nativos quienes tienen siempre perplejos a los antropólogos, lingüistas e historiadores, porque aunque son caucasoides, no encajan con el resto de las poblaciones europeas. Su lengua, por ejemplo, es claramente única en Europa y sin relación con cualquier otra lengua indoeuropea. Pero eso no es lo único que es exclusivo acerca de los vascos.

Antes de la llegada de las herramientas de investigación genética, los investigadores utilizaban los grupos sanguíneos ABO para estudiar las relaciones entre las poblaciones humanas, así como sus patrones de migración. Los vascos resultaron también ser únicos en términos de sangre. Esta población contiene uno de los más altos niveles de sangre Rh negativa en el mundo, y los más bajos del tipo B. Estas personas actualmente habitan una zona de los alrededores de las montañas de los Pirineos, donde los Cro-Magnon dejaron atrás algunas de sus más famosas obras hace unos 30,000 años atrás. Pero exactamente ¿quiénes son los vascos y de dónde vienen?

Decidí que un gran lugar para descubrirlo es la Universidad de Nevada, ya que alberga el Centro de Estudios Vascos. Esta organización es principalmente un centro de investigación que lleva a cabo y publica temas relacionados con los vascos, como la antropología, la historia, los estudios culturales, etc. Aquí está lo que dicen sobre el pueblo vasco y sus orígenes; esto es del FAQ de su página web:

Pregunta: ¿Quiénes son los Vascos?

Respuesta: "Los vascos son un pueblo que vive en una pequeña región (del tamaño de Rhode Island) que se asienta entre la frontera de España y Francia desde el mar en el oeste a los Pirineos en el este. Esta zona es llamada Euskal Herria (incluye siete provincias). Los vascos hablan un lenguaje llamado Euskera, pero hoy, sólo el 25% de la población habla con fluidez ese idioma. La población vasca se caracteriza físicamente por tener una alta incidencia del factor Rh negativo en la sangre."(108)

Pregunta: ¿De dónde vienen los vascos?

Respuesta: "Nadie sabe exactamente de donde vinieron los vascos. Algunos dicen que han vivido en esa zona desde que el Cro-Magnon recorrió por primera vez a Europa. Otros dicen que son descendientes de los íberos originales. Existen también teorías más extravagantes. Una es que los vascos son los descendientes de los sobrevivientes de la Atlántida."(108)

Pregunta: ¿De dónde viene la lengua vasca?

Respuesta: "Del mismo modo en que nadie está seguro acerca de los orígenes de los propios vascos, los lingüistas tampoco están de acuerdo sobre los orígenes del euskera, la lengua vasca. Aunque hay teorías (ninguna probada más allá de toda duda) que el euskera está relacionado con otros idiomas (como la familia georgiana de los idiomas en el Cáucaso, o la familia de lenguas bereberes [Atlantes Cro-Magnon] de África, o incluso la lengua quechua de América Latina)".(108)

He encontrado que, cuando se les pregunta, la mayoría del pueblo vasco mismo sostiene que vinieron de "Atlaintika", una poderosa nación marítima que se hundió en el Océano Atlántico después de un terrible cataclismo, y de la cual unos pocos supervivientes llegaron a la bahía de Vizcaya y a las montañas de los Pirineos. Ellos dicen que esto, no es sólo mitología, sino su verdadera ascendencia pre-Europea.(107)

Puede ser cierto que la lengua vasca, el euskera, no esté relacionada con ninguna voz indoeuropea, sin embargo, parecen compartir alguna afinidad con el Fino-Urgic Patumnili (hablado en la antigua Troya), el Etrusco (posiblemente descendiente de los troyanos), el Guanche (hablado por los primeros habitantes nativos de las Islas Canarias), el Náhuatl, la lengua de los aztecas, y sorprendentemente a los Ainu, los habitantes indígenas nativos de Japón.(125) Estos lenguajes ya muertos, no son entendidos bien hoy. Pero el hecho de que el euskera Vasco contenga similitudes con las lenguas de, por lo menos cuatro pueblos presuntamente atlantes, garantiza nuevas investigaciones. El autor Stuart Webb afirma que:

Atalya es el nombre de un antiguo montículo ceremonial en Biarritz, un país Vasco. Atalya es también una montaña sagrada en el Valle de México, venerada por los aztecas. Atalaia es un sitio en el sur de Portugal con tumbas de la Edad de Bronce, que data al siglo decimotercero a.C. Atalya es un lugar en la Gran Canaria, donde unas pirámides construidas por los guanches con piedras volcánicas negras, blancas, y rojas (los mismos materiales de construcción de la Atlántida descritos por Platón) pueden todavía verse. El nombre Italia deriva de Atalia, y vemos que la tradición etrusca nos dice que, Atlas gobernó ese lugar en la prehistoria. Italia significa literalmente, "el dominio de Atlas", cuya hija fue Atlantis.(153)

El Profesor Henry Fairfield Osborn (1915-1923), declaró que el pueblo de Cro-Magnon de la Edad de Piedra dejó dos "reliquias" culturales que sobrevivieron hasta los tiempos modernos: la primera son los Guanches de habla bereber de las Islas Canarias, y la segunda, la lengua vasca única de Europa occidental. En lo que respecta a la edad extrema de la lengua vasca, el distinguido erudito británico Michael Harrison escribió una vez:

En apoyo de la teoría de que el Vasco, si no es una lengua autóctona (nativa), es por lo menos uno de los idiomas más primitivos de Europa, en el sentido de que su presencia ha estado aquí antes que cualquiera de los otros existentes, es el hecho de que el Vasco... es todavía una lengua sin congéneres probados.(109)

Al mirar la lingüística y otras conexiones culturales por los tan diversos y no relacionados pueblos como los vascos, guanches, aztecas y etruscos, uno posiblemente podría concluir que, todos ellos fueron impactados anteriormente en su historia por los portadores de la cultura de la Atlántida. Es ahora claro que "Atalia" tiene la misma connotación en el euskera, el náhuatl, el ibérico, y el guanche: la descripción de una estructura en forma de montículo sagrado, o montaña. ¿No es razonable el sospechar que todas estas personas cayeron dentro de la esfera de la influencia Atlante? La semejanza del euskera a ciertas lenguas indígenas de América del Norte, en particular al Algonquin-Lenape, también está establecido.(125) R. Cedric Leonard considera las conexiones lingüísticas:

La extinta lengua ibérica, que se encuentra en las antiguas tablillas de arcilla, también se considera que tiene relación con la vasca moderna. ¿Es este lenguaje una versión del hablado anteriormente por el Cro-Magnon? Mientras que los significados y las definiciones de las palabras son consideradas primitivas, la sintaxis actual es extremadamente compleja y ordenada. Tanto los romanos como los cartagineses registraron que el vasco era originalmente muy

generalizado, incluyendo afinidades con los Bereberes marroquíes del
norte de África.(125)

~~~~~~

El líder lingüista y experto en bereber, el Prof. Johannes Friedrich, afirma que el idioma no ha cambiado en casi 2000 años. El galés, el irlandés y el gaélico utilizan la misma complicada sintaxis que el vasco utiliza. Las personas que viven en las Islas Británicas usaron ese lenguaje mucho antes de que los celtas llegaran en 1800 a.C. El galés es peculiar en eso, este adoptó palabras celtas en su vocabulario, pero mantuvo la sintaxis. Es sugerido por un número cada vez mayor de lingüistas que el galeso pre-celta era idéntico al Vasco.

Los mayas siguen hablando su idioma hasta este día, y para la sorpresa de un misionero vasco que fue a convertirlos durante el año 1500, encontró que hablaban un lenguaje muy similar, con una ligera diferencia en la pronunciación.

Tanto los griegos como los vascos de los tiempos antiguos, compartieron mitos astro-teológicos, como el que las primeras personas fueron centauros. La palabra centauro en sí se deriva de la palabra vasca Zalzaval (hombre-caballo). Varias pinturas rupestres prehistóricas en los Pirineos representan al caballo, y uno de los festivales vascos más antiguos (el baile Rigodon) cuenta con un hombre vestido como caballo (zamalzain, el hombre-caballo) bailando alrededor de una taza, referida como el Grial. De hecho, los vascos solían referirse a sí mismos como los descendientes de los Centauros (Cantavres), quienes llegaron a la tierra del centro de una antigua isla. Platón escribe sobre la domesticación del caballo e incluso hasta carreras de caballos en tiempos de la Atlántida.

La lingüista americana, R. Cedric Leonard tiene mucho que decir sobre el tema, acuñando el término "lengua compleja Bereber-Ibero-Vasca" y tratando de identificar los primeros patrones de la lingüística que unen a Europa y el Mediterráneo:

~~~~~~

Los diversos dialectos, de lo que creo que era el idioma original de los
Atlantes, acompañaron a la gente de Cro-Magnon cuando barrieron
las partes occidentales de Europa y África desde la Atlántida. Los

restos de este fenómeno existen hasta nuestros días en lo que yo llamo el Complejo Bereber-Ibero-Euskera. Este complejo se extendía desde Marruecos en el norte de África, a través de Gibraltar a la península Ibérica, hasta el valle del Dordoña de Francia y Bretaña, continuando al norte hasta las Islas Británicas. Si éste lenguaje tan Atlántico existió, entonces podremos identificar el idioma Atlante, al menos provisionalmente. Si éste unificado y generalizado lenguaje no vino de la Atlántida, al menos podemos preguntar ¿de dónde vino?(115)

Observando que las tribus de los bereberes del norte de África también eran del linaje del Cro-Magnon, R. Cedric Leonard nos dice:

Los antropólogos profesionales ya han postulado, en una obra clásica sobre la etnología europea, que los vascos de los Pirineos de hoy (norte de España/sur de Francia) hablan una lengua heredada directamente del hombre de Cro-Magnon. Para dar un par de ejemplos ilustrativos de las razones para la postulación anterior, la palabra vasca (euskera) para cuchillo literalmente significa "piedra que corta", y su palabra para techo significa "parte superior de la caverna."(106)

El etnólogo Miguel A. Etcheverry, aclara su opinión de que los vascos, habiendo lucharon contra la asimilación por los romanos, visigodos, árabes y francos, eran ellos mismos:

Los descendientes directos de la gente de Cro-Magnon de la Edad de Hielo, quienes habían, más que cualquier otros, evitado la modificación de su composición genética y su lengua durante la siguiente época de la expansión del Neolítico.(104)

El famoso filólogo alemán Wilhelm von Humboldt, estaba convencido de la existencia de un solo gran pueblo ibérico en los tiempos antiguos, quienes hablaban una propia y distinta lengua no europea. El propuso que estos antiguos pueblos ibéricos una vez se extendieron por el sur de Francia hasta Bretaña, y dentro de las Islas Británicas, incluso incluyendo las islas mediterráneas de Sicilia, Cerdeña y Córcega. Humboldt también sostuvo que los vascos de los tiempos modernos son los restos de esa "una vez extensa población litoral atlántica".(110) El Antropólogo alemán Otto Muck añade un poco más de información sobre los orígenes del euskera:

Según Finck (una de las mayores autoridades en la filología comparada), las lenguas menos conocidas de los habitantes prehistóricos de la región mediterránea están lejanamente relacionadas al antiguo vasco, y sabemos que la tribu aborigen Itálica más antigua fue la llamada Osci, idéntica a los Ausci y Vascones.(118)

Si tomamos esto, y todos los hechos anteriores en cuenta, comenzamos a obtener una imagen de un complejo mundial de las relaciones lingüísticas que trascienden el tiempo y el espacio. Podemos ver al vasco, una rareza entre las lenguas europeas modernas, como el último vestigio de una lengua del mundo prehistórico que se hablaba en ambos lados del Atlántico."(118) Otto Muck entonces nos comparte esto:

¿Podemos encontrar razones sólidas para creer que aquí, con los vascos, una reliquia de la Atlántida ha sido conservada? Los vascos mismos ofrecen una: ellos todavía tienen un claro recuerdo de la Atlántida.(118)

Ernst von Salomon menciona esto en su libro de viajes, Boche en Frankreich (Boche en Francia). Aproximadamente en el año 1930, el conoció a un contrabandista Vasco con rasgos aguileños quien habló con él acerca de su pueblo. Von Salomon continúa:

Los vascos, el dijo, son los últimos vestigios de una más hermosa, más libre, más orgullosa sociedad, que hace mucho tiempo se hundió bajo el mar junto con la Atlántida, cuyos últimos pilares restantes son el Pirineo, y la montaña de Marruecos.(118)

Cabe señalar que aunque los vascos y las civilizaciones lejanas, como los Arios de la India con quienes nunca han estado en contacto físico, viviendo en zonas muy distantes entre sí, ambos tienen el antiguo símbolo de la esvástica en común, así como una gran cantidad de afinidades lingüísticas. Por lo tanto, las características que comparten con las culturas lejanas debieron haber sido adquiridas de una fuente común que, en mi opinión, debió haber sido una civilización marinera mundial; posiblemente la Atlántida. De acuerdo al famoso lingüista Luis Farrar:

El hecho es indiscutible y eminentemente digno de mención, que mientras las afinidades de las raíces vascas nunca han sido aclaradas de forma concluyente, nunca ha habido ninguna duda de que esta lengua aislada que preserva su identidad en una esquina occidental de Europa, entre dos reinos poderosos, se asemeja, en su estructura gramatical, a las lenguas aborígenes del vasto continente opuesto [América].(117)

En 1940, Alexander Braghine escribió en su libro, La sombra de la Atlántida, lo siguiente acerca de las lingüísticas tribales nativas:

Cuando estaba en Guatemala, a menudo escuchaba de una tribu indígena, que vivía en el distrito de Petén (norte de Guatemala): ésta tribu habla un idioma semejante al vasco, y escuché que en una ocasión un misionero vasco predicó en Petén en su propio idioma con gran éxito.(116)

Alexander Braghine hace una comparación de la lengua de los vascos con la hablada por la gente en Japón y México:

◇◇

En cuanto a la semejanza del idioma japonés y el vasco, una vez yo vi una lista de palabras análogas con el mismo significado en ambas lenguas, y yo estaba estupefacto por la cantidad de tales palabras. La palabra 'iokohama', por ejemplo, significa en euskera 'playa de la ciudad', y, todo el mundo sabe del gran puerto de Yokohama en Japón. Una tribu indígena muy interesante, llamada los otomíes, vive en el barrio de Tula en México: éstos indígenas hablan el antiguo idioma japonés, y una vez cuando el embajador de Japón en México visitó a ésta tribu, él habló con ellos en éste viejo dialecto. Teniendo en cuenta todos estos hechos y observaciones, me gustaría ofrecer la siguiente conjetura. Es probable que la emigración de la Atlántida se desarrolló en dos direcciones, hacia el este y hacia el oeste.(116)

◇◇

LOS BEREBERES

La gente de Cro-Magnon moderna puede ser encontrada hoy en algunas partes de Europa Occidental, África del Norte y en algunas de las Islas Atlánticas. Los antropólogos físicos coinciden en que el Cro-Magnon es representado en los tiempos modernos por las poblaciones como la de los pueblos Bereberes y los Tuaregs del norte de África, los recientemente extintos Guanches de las Islas Canarias, los Vascos del norte de España, los Aquitanos que viven en el valle del Dordoña y Bretaña; y hasta hace poco, los que viven en la Isla d'Oléron. Esto es indicado con cráneos tipo obviamente Cromañón. (125,126)

Los bereberes están actualmente ubicados geográficamente en torno al monte Atlas, pero habitaron gran parte del norte de África mucho antes de que los árabes llegaran. Los bereberes son considerados los aborígenes de la zona, y sus orígenes más allá de esto es oficialmente desconocido. Muchas teorías han estado avanzando en relación a los cananeos, los fenicios, los celtas y los caucásicos de Anatolia. En tiempos clásicos, los bereberes formaron tales estados como Mauritania y Numidia. Es lamentable que los bereberes no reciban más atención por parte de la ciencia en los últimos años. Aquí tenemos una raza caucasoide, la mayoría de ojos azules y cabello claro, quienes viven, de todos los lugares, en el norte de África Occidental. Los antropólogos en su mayor parte los han descartado por muchos años, ya que no encajan bien con el paradigma de 'Fuera de África', por lo que se aduce que habían re-emigrado de regreso de algún lugar de Europa. Sin embargo, esa teoría ha sido abandonada con la comprensión actual de la genética. Ahora, los científicos generalmente aceptan la evidencia genética que concluye que los bereberes son un pueblo indígena, quienes se cree que descendieron de los pueblos originarios del Paleolítico Superior atrás en el Pleistoceno (edad de hielo).(124)

Ellos son un pueblo antiguo con una frecuencia muy alta del haplogrupo X y la sangre de tipo Rh negativo. Entre los bereberes, la pigmentación de la piel más clara registrada es la de los Rifians, los bereberes que conservaron los rasgos más recesivos (de aspecto europeo). El 10% tienen el cabello color marrón claro o rubio: los rubios tienden a ser dorados, o rojizos.(124) En cuanto a lo "rubio" entre los bereberes, el Dr. Jean Hiernaux, Director de Investigación en el Centro Nacional de Investigación Científica de París, escribe:

◇◇

La incidencia relativamente alta de rubios en el norte de África ha levantado mucha especulación. ¿Han evolucionado localmente, o representan una mezcla de elementos europeos desde un área donde el rubio es de una alta incidencia? Ambos puntos de vista son sostenibles.(124)

◇◇

El mapa de la distribución del Cro-Magnon muestra los sitios arqueológicos en el norte de Marruecos. Esos son hoy los bereberes. Los autores tienden muchas veces a opinar que tanto los ibéricos como los vascos tienen su origen en el país bereber. ¿Por qué? por las similitudes que existen entre esos dos idiomas y la lengua bereber moderna. Pero a pesar de que estas lenguas están aparentemente relacionadas, ¿porque se imaginan que originaron en el norte de África?(104) Un vistazo a cualquier mapa del

Océano Atlántico mostrará la proximidad geográfica de estas áreas a la Atlántida de Platón. Si el Cro-Magnon apareció simultáneamente en las costas occidentales de los dos continentes, como la mayoría de los antropólogos físicos insisten, entonces también lo hizo su lenguaje.(104) Nunca se ha encontrado evidencia que indique que el origen del Cro-Magnon se encuentra en el norte de África, así que ¿por qué se originaría su lenguaje allí?(102)

LOS GUANCHES DE LAS ISLAS CANARIAS

Los guanches eran muy altos, fornidos, de cabello rubio y rojizo, nativos indígenas de las Islas Canarias: específicamente de la isla de Tenerife. Las primeras historias españolas parecen indicar al menos tres poblaciones distintas, cada una habitando diferentes islas, y que uno de los grupos exhibía rasgos físicos también observados en las poblaciones del norte de Europa.

Uno de los primeros informes de las islas Canarias proviene de Plinio quien, en el siglo primero, habló de una expedición enviada por el rey de Mauritania, y quien trajo perros gigantes como recuerdo del viaje. Este es el origen del nombre de las islas: Islas Canarias, del Can o Canes. Magníficos ejemplos de estos nativos perros de caza domesticados todavía se pueden encontrar en las islas, donde son llamados "verdinos" en algunas islas y "bardinos" en otras.

Hasta la fecha todavía no existe evidencia de que los guanches tuvieran botes o algún conocimiento de la tecnología marítima, lo que plantea la pregunta de ¿cómo llegaron allí? Este aislamiento permitió que el Guanche mantuviera una exclusividad racial hasta la época de la conquista española, sin embargo, el nombre llegó a ser aplicado incorrectamente a las poblaciones indígenas de todas las islas. El nombre proviene de:

GUAN = Persona

CHINET = Tenerife, o "El hombre de Tenerife"

Según la Enciclopedia Britannica (11ª edición) en cuanto a los orígenes étnicos y la identidad racial de los guanches canarios: "Se cree que los

Guanches son de origen Cro-Magnon... con ojos azules o grises, y cabello rubio".(32)

Aislados en sus islas, los guanches conservaron sus prístinos rasgos genéticos del Cro-Magnon de una manera más o menos pura, hasta la llegada de los españoles. Casi exterminados por los españoles a principios del siglo 15, estas personas dejaron atrás no sólo estructuras piramidales de piedra, sino también momias. Es difícil no ver el parecido entre las culturas egipcias, mayas, y guanche en su uso de las pirámides y la momificación de sus muertos.

Lava stone pyramids on Tenerife, researched by Thor Heyerdahl

(Figura 36)

Miles de momias guanches fueron encontradas, principalmente en cuevas (no en las pirámides). Hoy en día sólo un puñado permanecen, la mayoría en colecciones de museos (las que probablemente no estarán en exhibición). El estudio científico de momias guanches ha sido casi inexistente, la siguiente información es basada sólo en las momias descubiertas en Tenerife.

Allí, los guanches removieron los órganos internos de su realeza, o los miembros de alta sociedad. Los cuerpos fueron embalsamados en ocre rojo, y probablemente fueron secados en el sol primero. Al final del proceso, la momia era envuelta en pieles de animales, tales como las de cabra; los reyes recibían 10-15 pieles, otros individuos recibieron mucho menos. Luego era colocado en una cueva sobre un tablero especial para la momia. Por último, un muro de piedra era erigido alrededor de la momia. Estos factores (secado, entierro cueva, pared de piedra) también ayudaron al aseguramiento de la conservación de la momia.(128)

Hoy en día todavía, debido a una cierta endogamia, pueden algunos rasgos del Hombre de Cro-Magnon aparecer, por ejemplo, cuando las personas a veces son más altas y rubias. Pero en su mayor parte, la cultura de los guanches fue aniquilada. Lo que quedó se puede encontrar en el museo principal de la isla, el que de acuerdo a su propia literatura promocional, es también el hogar de la "Colección de Cráneos de Cro-Magnon más Grande del Mundo." En una edición del Smithsonian de 1859, el profesor Retzius reportó:

Con respecto a la primitiva dolicocefalia, aquellos que tienen una cabeza inusualmente larga (de adelante hacia atrás) con relación a la anchura (como la del Cro-Magnon de América), yo doy una hipótesis aún más audaz, es decir, que están casi relacionados con los guanches de las Islas Canarias, y a las poblaciones atlánticas de África. Encontramos una y la misma forma craneal en las Islas Canarias, frente a la costa africana, y en las islas caribes, en la costa opuesta que encara a África.(129)

Madame Blavatsky, una de las más famosas investigadoras ocultistas del siglo 19, señala las relaciones genéticas entre esas poblaciones, hace unos 100 años antes de nuestra comprensión moderna del ADN:

Entonces, si los Vascos y el Cavernícola Cro-Magnon son de la misma raza que los Guanches Canareses, esto deduce que estos también están aliados a los aborígenes de América. Esta es la conclusión que las investigaciones independientes de Retzius, Virchow, y de Quatrefages ofrecieron. Las afinidades Atlantes de estos tres tipos se hacen patentes.(130)

Madame Helena Petrovna Blavatsky

(Figura 37)

Aquí, una vez más, ella es bastante clara en cuanto a la procedencia original los guanches, mucho antes de que el genoma humano pudiera ser secuenciado y antes de que pudiera llevarse un adecuado análisis de ADN:

Los Guanches eran descendientes directos de los Atlantes. Este hecho lo apoya la gran estatura evidente en sus viejos esqueletos, así como los de sus congéneres europeos los Hombres de Cro-Magnon del Paleolítico.(130)

Y, por último, Blavatsky afirma que todos los hombres del Paleolítico, o los europeos de la Edad de Hielo, son de ascendencia Atlante:

El hombre Europeo Paleolítico de la época del Mioceno y Plioceno fue un Atlante puro, a como hemos dicho anteriormente. Los Vascos son, por supuesto, de una fecha muy posterior a esto, pero sus afinidades, a como son mostradas aquí, van mucho más para demostrar la extracción original de sus antepasados remotos.(130)

Capítulo 5

Uno de los símbolos prehistóricos más antiguos documentados es quizás el famoso símbolo conocido como la 'Esvástica' en la India, aunque también conocido como 'Fylfot' en Inglaterra, 'Hakenkreuz' en Alemania, 'Cruz Gamada' en Grecia, 'Wan' en China, y "Manji" en Japón. Thomas Wilson, el conservador del Departamento de Antropología Prehistórica en el Museo Nacional de Estados Unidos, escribió en su libro titulado La Esvástica: El Símbolo más Antiguo Conocido y sus Migraciones (1896):

Un símbolo Ario utilizado por los pueblos Arios antes de su dispersión a través de Asia y Europa. Este es un tema digo para la investigación, y podría servir para explicar el cómo el símbolo sagrado de la Esvástica fue llevado a los diferentes pueblos y países en los que hoy la encontramos por la división de los pueblos Arios y sus migraciones, y su establecimiento en las diversas partes de Europa.(194)

Swastika symbol represented in cultures world wide

(Figura 38)

Este sagrado símbolo solar ha sido objeto de profunda veneración entre las dispersas culturas antiguas desde los tiempos más remotos. Es vista en el zodiaco budista, y es uno de los símbolos en las inscripciones de Asoka. Es la marca sectaria de los jainistas, y la insignia distintiva de la secta de Xaca Japonieus. Los Vaishnaves de la India tienen también el mismo signo sagrado, y es adorado por los seguidores del Lama del Tíbet. En el norte de México, la encontramos entre los mixtecas y en Querétaro. Sigüenza menciona que una cruz india fue encontrada en la cueva de la Mixteca Baja. Entre las ruinas de la isla de Zaputero en el Lago de Nicaragua también se encontraron cruces similares reverenciadas por los indígenas. El símbolo de la esvástica fue utilizado por los aztecas, y estuvo en el escudo de armas del estado mexicano de Sonora alrededor de 1930.

Pre-Columbian Hopewell Green Slate Serpent Swastika
Origin: The Mississipi Valley, USA Circa: 200 BC

(Figura 39)

Artefactos con formas de esvásticas han sido encontrados en las excavaciones de los sitios en los valles de los ríos Ohio y Mississippi. También fue ampliamente utilizada por varias tribus del suroeste, más notablemente por los Hopi y los Navajo. Cuando los Navajo se enteraron de su asociación con los Nazis, y por la influencia política del gobierno de Estados Unidos, ellos decidieron descontinuar el uso del símbolo.(14) En América del Sur el mismo signo fue considerado simbólico y sagrado. Fue venerado en Paraguay. Entre los Muiscas en Cumaná, varias cruces fueron veneradas con devoción y se les creía el estar dotadas de poder para ahuyentar los malos espíritus; el símbolo era colocado bajo los recién nacidos.(166)

Una esvástica compuesta de letras hebreas como un símbolo místico de la obra cabalística judía "Parashat Eliezer." El símbolo está rodeado por un círculo, rodeado de un himno cíclico en arameo. El himno, dá referencia explícitamente a la energía del Sol, así como en su forma, este muestra un fuerte simbolismo solar.

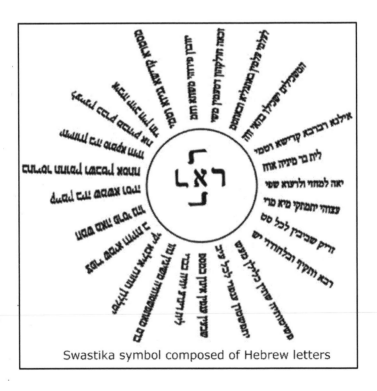

Swastika symbol composed of Hebrew letters

(Figura 40)

Este símbolo tipo mandala, es una adaptación del antiguo símbolo hebreo que significa "eternidad en movimiento", y está destinado a ayudar a un místico a contemplar la naturaleza cíclica y la estructura del Universo. Las palabras son los caracteres iniciales y finales de la palabra hebrea "luz".

En la vertiente oriental de los Andes en el norte de Perú, los bosques encubren las ruinas de una civilización pre-Inca, los exploradores y arqueólogos sólo ahora han comenzando a entender su tamaño y alcance. Conocidos como los Chachapoya, la civilización cubría un estimado de 25.000 millas cuadradas (65.000 kilómetros cuadrados). Se distinguían por su piel blanca, gran altura y la forma en que vivían; en casas circulares de piedra creadas principalmente en las crestas y en las cimas de las montañas.(181)

Swastika-adorned pottery on display at a Peruvian museum.

(Figura 41)

El nombre Chachapoya es, de hecho, el nombre que los Incas le dieron a esta cultura; el nombre que estas personas utilizaron para referirse así mismas es desconocido. Ellos son apodados los "Guerreros de las Nubes" o la "Gente de las Nubes"(182) Pedro Cieza de León (1520-1554) fue uno de los primeros y más prolíficos de los cronistas españoles, y escribió sobre los Chachapoyas:

Ellos son los más blancos y los más guapos de toda la gente que he visto en las Indias, y sus mujeres eran tan hermosas que por su gentileza, muchas de ellas merecían ser esposas de los Incas, y también el ser tomadas a el Templo del Sol.(182)

Historias como la de Cieza de León indican que los Chachapoyas tenía la piel más clara que otros pueblos de América del Sur, ojos azules o verdes y cabello rubio. Esto plantea un misterio perdurable para los escolares de la región en cuanto a su definitivo origen. Los Chachapoyas murieron a causa de las epidemias de enfermedades europeas, como el sarampión y la viruela, poco después de la llegada de los españoles. Ya que ellos se habían aliado con los conquistadores en contra de sus enemigos los incas, esta cercana relación con los españoles resultó fatal.

Guanche mummy of the Museo Nacional de Antropología (National Museum of Anthropology) in Madrid, Spain

(Figura 42)

Gran parte de su forma de vida también fue destruida por el saqueo, dejando poco para los arqueólogos a examinar. Sin embargo, se han encontrado esqueletos intactos, los que algunos, incluso, muestran una clara evidencia de la cirugía ósea antigua. Un escondrijo de más de 200 momias fue encontrado en Perú a finales de 1996 por ladrones de tumbas, quienes cortaron con machetes las telas que las envolvían, en busca de joyas y otros tesoros.(183,185)

Las momias fueron descubiertas originalmente en nichos tipo cuevas, situados en un acantilado, en un área del norte de Perú llamada Laguna de los Cedores, cerca de Leymebamba. La gente parecía haber seleccionado a propósito las cuevas secas para los entierros.(184)

Otro grupo de momias Chachapoyas fue descubierto a finales del 2006 por un agricultor, en un complejo de cuevas a unos 82 pies por debajo de la superficie de la tierra. La cueva es conocida como Iyacyecuj, o "agua encantada", por la población local. Cuando el Arqueólogo y líder del equipo, Herman Corbera, fue entrevistado, el comentó: "Este es un descubrimiento de importancia trascendental. Es la primera vez que se encuentra este tipo de enterramiento subterráneo, de este tamaño, perteneciente a los Chachapoyas y a otras culturas de la región."(185)

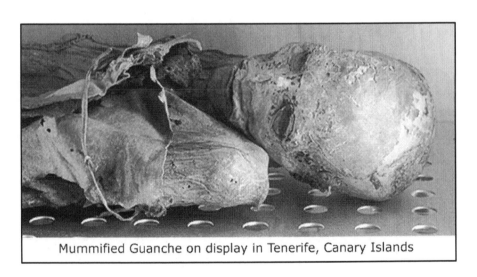

Mummified Guanche on display in Tenerife, Canary Islands

(Figura 43)

La arqueóloga peruana, Sonia Guillén, tuvo la oportunidad de trabajar en el sitio con las actuales momias y dijo: "Dos de las momias son de más de mil años de antigüedad. Algunas de las momias se han convertido en esqueletos, otras fueron preservadas en ajuares funerarios."(184)

En el 2007, se publicó un artículo sobre un hallazgo más reciente, la 'mayor estructura Chachapoya en el mundo". Los descubridores de la estructura la apodaron 'Huaca la Penitenciaría', por sus altas paredes de piedra. Ésta consiste de dos plataformas ceremoniales rectangulares en un lado de una plaza en el centro de un altiplano conocido como La meseta, no las cimas de las montañas generalmente asociadas con los Chachapoyas, a unos 6,000 pies sobre el nivel del mar en el lado oriental de los Andes. El sitio, probablemente una ciudad o un centro ceremonial, ha sido cubierto durante siglos por el bosque. Dado a que el sitio se encuentra mayormente inexplorado, queda por verse si existen momias en el interior, aunque puede que hayan sido preparadas allí.(185)

No queda mucho de la ciudad de Tiahuanaco en Bolivia. En la década de 1500, los españoles destruyeron sistemáticamente los edificios. Más tarde, muchos de los bloques de piedra fueron saqueados para la construcción de casas de un pueblo cercano. Recientemente, más piedras fueron tomadas y llevadas para el asentamiento de un nuevo ferrocarril. A pesar de esto, lo que queda es todavía un espectáculo digno de ver. Tiahuanaco es viejo. Ya se encontraba en ruinas cuando los Incas se impusieron en el área en el 1200 d.C. Está situado en una montaña, a una altitud de 12,500 pies y cuenta con una pirámide de 700 pies de largo, 500 pies de ancho y 50 pies de altura. También hay un templo de 440 pies de largo, cubierto con columnas de hasta 14 pies de altura, las que tal vez llegaron a sostener un techo.

Para mí, lo más impresionante de Tiahuanaco no es su arquitectura, sino las leyendas que rodean la identidad de los constructores. Transmitidas a través de la tradición oral, las historias hablan de cómo la ciudad fue construida originalmente por una raza de altos dioses-hombres de piel clara y con barbas. Fue llamado Viracocha por los Incas, Kukulcán por los Mayas, Quetzalcóatl por los Aztecas, Gucumatz en Centroamérica, Votan en Palenque y Zamna en Izamal. Él, y en algunos casos sus hombres, fueron descritos altos, barbudos, de piel blanca y hermosos ojos azul esmeralda. De acuerdo a un explorador europeo, se decía que Viracocha:

〰〰〰〰〰〰〰〰〰〰〰〰〰〰〰〰〰〰〰〰〰〰〰〰〰〰〰〰〰〰〰

Dio reglas a los hombres de cómo debían vivir, y les habló con cariño, con mucha amabilidad, diciéndoles que debían ser amables los unos con los otros.(187)

〰〰〰〰〰〰〰〰〰〰〰〰〰〰〰〰〰〰〰〰〰〰〰〰〰〰〰〰〰〰〰

Existen historias similares acerca de la visita de un hombre blanco con barba entre los aztecas y los mayas. Fue llamado Quetzalcóatl por los aztecas, y Kukulcán por los mayas. Fray Juan de Torquemada, el misionero franciscano, que recolectó numerosas historias acerca de Quetzalcóatl de los nativos del Viejo México, dice: "Quetzalcóatl tenía el cabello rubio, y llevaba un traje negro cosido con pequeñas cruces rojas." ¿Cómo llegaron los hombres rubios a Perú mucho antes de que el español lo hiciera?

Credo Mutwa, el chamán zulú o "Sanusi" de 94 años de edad en Sudáfrica, afirma que éste cuadro que él había pintado de unos seres altos, de cabello rubio y ojos azules, habían sido vistos por los negros de las tribus africanas en todo el continente mucho antes de que los europeos blancos llegaran. Credo, un historiador oficial de la nación Zulú, dijo que cuando los europeos primero llegaron, los africanos negros creyeron que se trataba del regreso de estos mismos "dioses" blancos, a los que llamaban los Mzungu. Como resultado, ellos llamaron a los colonos europeos por el mismo nombre. Esto fue en gran medida la misma reacción que los pueblos centroamericanos tuvieron con Cortés y su comitiva española al llegar en 1519, pensando que era el regreso del dios Quetzalcóatl, quien también era descrito el ser alto, con barba, y de ojos azules.

El conquistador español Francisco Pizarro preguntó a los nativos del Perú que quienes eran los pelirrojos de piel blanca. Los incas le respondieron que eran los últimos descendientes de los viracochas. Los viracochas, dijeron, eran una raza divina de hombres blancos y barbudos. Eran tan parecidos a los españoles que los europeos fueron llamados viracochas al momento en que llegaron al Imperio Inca. Los incas creyeron que eran los viracochas que habían navegado de regreso a través del Pacífico.(186)

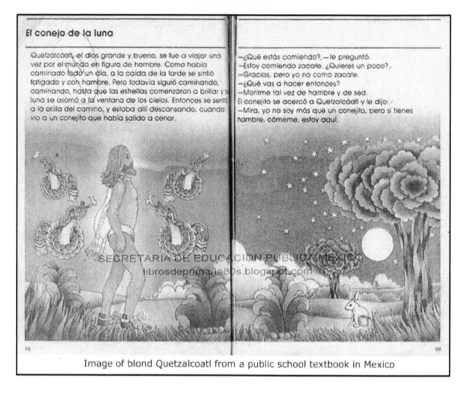

El conejo de la luna

Quetzalcóatl, el dios grande y bueno, se fue a viajar una vez por el mundo en figura de hombre. Como había caminado todo un día, a la caída de la tarde se sintió fatigado y con hambre. Pero todavía siguió caminando, caminando, hasta que las estrellas comenzaron a brillar y la luna se asomó a la ventana de los cielos. Entonces se sentó a la orilla del camino, y estaba allí descansando, cuando vio a un conejito que había salido a cenar.

—¿Qué estás comiendo? —le preguntó.
—Estoy comiendo zacate. ¿Quieres un poco?
—Gracias, pero yo no como zacate.
—¿Qué vas a hacer entonces?
—Morirme tal vez de hambre y de sed.
El conejito se acercó a Quetzalcóatl y le dijo:
—Mira, yo no soy más que un conejito, pero si tienes hambre, cómeme, estoy aquí.

Image of blond Quetzalcoatl from a public school textbook in Mexico

(Figura 44)

De acuerdo a la principal leyenda Inca, antes del reinado del primer Inca, el dios del Sol, Con-Ticci Viracocha, se había despedido de su reino en el actual Perú, navegando hacia el Pacífico, con todos sus súbditos. Los hombres blancos habían abandonado sus pirámides y estatuas e ido con su líder, Con-Ticci Viracocha, primero hasta el Cuzco, y luego hacia el Pacífico. Se les dio el nombre Inca Viracocha/Wiracocha, o "espuma de mar", porque eran de piel blanca y habían desaparecido como la espuma sobre el mar. Cuzco es la capital histórica del imperio Inca. Construida en piedra y una vez adornada con oro, esta se encuentra en el sureste de Perú, cerca del valle de Urubamba de la cordillera de los Andes. Es un destino turístico y recibe un millón de visitantes al año.(186)

Hace dos mil años, una civilización misteriosa y poco conocida, con una elite de personas de ojos azules, dictaminó la costa norte del Perú. Sus habitantes fueron llamados los Moche. Ellos construyeron enormes pirámides que aún dominan el paisaje de los alrededores, algunas con una altura de más de cien pies. Los arqueólogos que trabajan en las ruinas Huaca Pucllana de Perú recientemente sacaron a una momia con ojos azules de una antigua tumba que se cree que perteneció a la cultura Wari, la que floreció antes que los Incas. Los penetrantes ojos azules no fueron oscurecidos por el paso de 1,300 años, esta es la "Dama de la Máscara" una momia con ojos azules, cuyo descubrimiento podría revelar los secretos de una cultura perdida en la pirámide de Pucllana Huaca ubicada en Lima, Perú. Es la primera vez que se descubre una tumba de la cultura Wari intacta en la región, dando a los historiadores la oportunidad de aprender sobre las antiguas civilizaciones pre-incaicas.

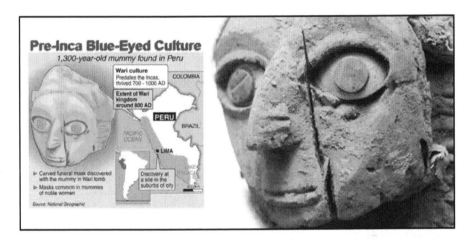

(Figura 56)

Una de las primeras cosas que la gente nota al explorar las antiguas ruinas en Perú, son los hermosos bloques de piedra por los que los Incas son tan bien conocidos, los que están sentados a menudo directamente sobre piedras mucho más grandes, conocido como estilo poligonal, son construcciones megalíticas masivas. La obra que se le atribuye a la cultura Inca son los principales bloques de piedra de 2 toneladas, los bloques más antiguos son de alrededor de 300 toneladas.(187) Los arqueólogos tienden a coincidir en que las construcciones de piedra poligonales más grandes, y más antiguas, pre-datan a los Incas y pertenecen a una cultura anterior. Debido a que estas construcciones anteriores nunca han sido fechadas, no se sabe cuánto tiempo han estado allí antes de los Incas.

Massive stone walls, Sacsayhuaman, Cusco, Peru

(Figura 45)

El tamaño, aunque impresionante, no es la atracción principal. La forma irregular y el ángulo de las piedras es lo que generalmente llama la atención de las personas de inmediato. Algunos de los bloques tienen varios ángulos, o lados, y encajan perfectamente sin el uso de ningún tipo de mortero. ¿Cómo lo lograron? ¿Qué dicen los propios lugareños?

El noruego Thor Heyerdahl fue un famoso aventurero y etnógrafo con conocimientos en zoología, botánica y geografía. El destacó por su expedición Kon-Tiki en 1947, en el que navegó 5.000 millas (8.000 kilómetros) a través del Océano Pacífico en una balsa construida a mano desde América del Sur hasta las Islas Tuamotu. La expedición hizo añicos a las teorías aislacionistas que eran mantenidas por mucho tiempo al demostrar que los pueblos antiguos pudieron haber hecho largos viajes por mar, creando el contacto entre culturas distintas.(186)

El Éxito de Thor y su tan celebrada expedición marítima fue vinculada a un modelo difusionista del desarrollo cultural, el que es apoyado por lingüistas modernos, la evidencia arqueológica y la genética, pero a menudo fue minimizado en el mundo académico. Heyerdahl, consecutivamente, hizo otros viajes diseñados para demostrar la posibilidad del contacto entre los pueblos antiguos estrechamente separados. En su clásico de 1948, La Expedición Kon-Tiki: Por Balsa a Través de los Mares del Sur, Thor describe unas antiguas leyendas sobre los habitantes originales, o dioses, de América del Sur.(186)

Los Incas reconocían que las extensas ruinas eran anteriores a su ascenso al poder. ¿Cómo fueron esos antiguos capaces de llevar tales gigantescos bloques de piedra a la cima de la montaña a muchas millas de distancia? ¿Cómo fueron capaces de dar forma a las piedras para encajar juntas tan bien? El re-descubrimiento de Machu Picchu es acreditado a Hiram Bingham en 1911, el relata:

Los peruanos de hoy son muy aficionados a especular en cuanto al método que los pre-incas emplearon para hacer sus piedras para encajar tan perfectamente. Una de las historias favoritas, es que los incas sabían de una planta cuyos jugos convertían la superficie de un bloque tan blando que la magnífica adaptación era realizada al rozar las piedras juntas durante unos momentos con ese jugo mágico.(154)

Aukanaw, un antropólogo argentino de origen mapuche, quien falleció en 1994, relató que en Perú, por encima de 4.500 m, se dice que hay una planta llamada kechuca, la que convierte la piedra en gelatina, y la que el ave jakkacllopito utiliza para hacer su nido. Una planta con propiedades similares que crece en altitudes aún mayores es conocida, entre otras cosas, como Punco-Punco; esta puede ser la Ephedra andina, la que los mapuches consideran una planta medicinal.(158)

El investigador Maurice Cotterell, también cree que los canteros pre-incas e incas poseían la tecnología alquímica para suavizar y verter la piedra. Nosotros podemos hacer esto hoy, pero sólo en una dirección, de blando a duro; lo llamamos concreto. Parece que los incas y la cultura de Tiahuanaco podían llevar el proceso un paso más allá, de duro a blando de nuevo, usando rocas ígneas.(188)

Al principio esto parece incomprensible, pero recordemos que la estructura molecular de la materia es simplemente una cuestión de la superación de los enlaces covalentes que unen a los átomos juntos. Podemos hacer esto con el hielo, cuando lo convertimos en agua y lo hacemos hielo de nuevo, cuando convertimos el agua en vapor. Esto puede explicar el por qué los pre-incas y los Tiahuanacos reunían enormes piedras con formas imperfectas, con tal precisión perfecta. Un examen minucioso de los bordes redondeados de las piedras sugiere que el material de piedra fue derramado como si hubiera estado una vez dentro de un saco o bolsa la que se había podrido y desaparecido hace tiempo.(159)

Entre las antiguas culturas de Egipto y de América Central/Sur había muchos rituales y prácticas que eran similares, como la circuncisión, la astrología, y el tener ferias agrícolas anuales. Una similitud más importante que es común a ambas áreas culturales es la orientación astronómica y direccional de los edificios.(160)

En la cultura Maya, el conocimiento de los cielos se desarrolló mucho antes del 250 d.C. Este conocimiento fue utilizado en la planificación y construcción de estructuras piramidales complejas.(162) En la cultura teotihuacana pre-Maya de México, los edificios se agrupan a lo largo de un eje norte-sur, y en Egipto las pirámides de Keops son sólo cuatro minutos al oeste de la perfecta alineación norte, y tienen otras relaciones direccionales y matemáticas a la luna, los planetas y las estrellas.(163)

El entierro en tumbas subterráneas es una práctica común en Egipto, Perú y México. Los rituales de enterramiento en estas culturas también eran muy similares. Las tres embalsamaban y momificaban a sus muertos. También sellaron las tumbas a grandes extremos de manera que lo que estuviera dentro fuera conservado.(193)

Muchos desarrollos tecnológicos existían en las culturas de ambos lados del Atlántico. Un ejemplo es el uso de los empastes de oro en los dientes, lo que fue hecho en Egipto y Perú.

La mayor y más obvia similitud tecnológica, sin embargo, fue la construcción de pirámides. Entre las pirámides se pueden encontrar similitudes sorprendentes. A ambos lados del océano Atlántico, hay pirámides escalonadas construidas de varias estructuras tipo mastabas. En ambas culturas muchas de estas pirámides escalonadas son de alrededor de 200 pies de altura, y la evidencia indica que sufrieron varios cambios de planes a lo largo de su construcción.(163)

Pyramid of Kukulcan, Mexico.

(Figura 46)

El uso de piedras para la construcción de las pirámides, también es común en ambas culturas. Las piedras mismas y las técnicas de construcción utilizadas, no sólo en las pirámides, sino también en otras estructuras, exhiben tecnología muy similar. Los egipcios y la cultura de Tiahuanaco del Perú eran capaces de construir con piedras que pesaban varias toneladas. La colocación precisa de estas piedras es igualmente impresionante. En Tiahuanaco encajaron sus piedras con tanta precisión que una hoja de afeitar no puede ser deslizada entre estas. En Egipto las piedras están tan unidas con tanta precisión que nunca hay más de 1/50 de pulgada entre bloques.(163).

Al tomar nota de las relaciones entre Egipto, América Central/Sur y la Atlántida, se puede encontrar que las leyendas de Egipto y de América Central/Sur hacen referencia al origen de la cultura. Una leyenda peruana dice que los creadores de las civilizaciones vinieron del mar. Los egipcios indican que sus antepasados vinieron de la Isla de Mero.(8) Ignatius Donnelly, quien enumera 626 referencias en su libro, Atlantis: El Mundo Antediluviano, comparando las similitudes culturales a ambos lados del

Atlántico, establece que: "Tanto los antiguos egipcios como las culturas indígenas americanas se originaron en la Atlántida, y se extendieron al este y al oeste cuando la Atlántida fue destruida."

Otras leyendas hablan sobre una conexión geográfica con esta isla; dicen que hubo largos puentes de tierra que unían a África y a América del Sur/Central con la Atlántida. Hoy en día, existen ciertas evidencias que soportan a las leyendas de unos puentes de tierra. En el área de las islas Azores, a 900 millas de la costa de Portugal, entre el Golfo de México y el Mar Mediterráneo, unos sondeos de aguas profundas indicaron que una gran cordillera se extiende al sur de las Azores por una distancia y luego se divide, enviando un brazo a América del Sur y el otro a África.(8) Una muestra del núcleo fue tomada de un lugar de la cresta y reveló unas diatomeas, las que son exclusivamente de agua dulce, y lo que indicó que parte de la cresta estuvo una vez sobre el nivel del mar.(164)

En 1898, también cerca de las Azores, un barco descubrió partículas de lava del fondo del mar, a dos millas de profundidad, las que se habían solidificado con una estructura vítrea. La lava sólo asume una estructura vítrea cuando se solidifica al aire libre.(164) Esto es extrañamente similar a lo que dijo Edgar Cayce en sus 'lecturas', que el propio continente se extendía desde América del Sur a África.

De acuerdo con los registros antiguos de los templos egipcios, los que vienen hasta nosotros a través de los escritos de Platón, dicen que los antiguos atenienses lucharon una guerra salvaje contra los gobernadores de la Atlántida hace unos nueve mil años atrás y ganaron. Estos antiguos y poderosos reyes o gobernantes de la Atlántida habían formado una confederación, en la que controlaban la Atlántida y otras islas y colonias. Ellos comenzaron una guerra desde su patria en el Océano Atlántico, enviando tropas de combate a Europa y Asia.

En consecuencia a este ataque, los hombres de Atenas formaron una coalición en toda Grecia para ponerle fin. Cuando esta coalición comenzó a tener dificultades, sus aliados les abandonaron, pero los atenienses se mantuvieron en pie y lucharon solos para derrotar a los gobernantes atlantes. Ellos lograron parar una invasión a su propio país, también liberaron a Egipto y, eventualmente, a todos los demás países bajo el control de los gobernantes de la Atlántida.

La nueva investigación genética, arqueología y lingüística ha demostrado que la supuestamente desacreditada teoría de la difusión pudo haber sido científicamente correcta después de todo, aunque no sea políticamente correcta. Esta teoría sostiene que los agricultores de cabello y ojos claros, después de haber domado el caballo e inventado la rueda, conquistaron la mayor parte de Europa, gran parte del Medio Oriente y el norte de la India hace años en los albores de la civilización durante el Holoceno, trayendo con ellos la familia de lenguas conocidas como Arias, también conocidas como indoeuropeas/iraníes, habladas desde Irlanda hasta la India. La familia de lenguas Arias incluye al inglés, alemán, francés, italiano, irlandés, griego, ruso y de hecho todos los lenguajes de Europa, aparte del finlandés, húngaro y el vasco, junto con el iraní, pastún, hindú, gujarati y el bengalí. El cingalés y otros idiomas del Norte de la India. El parentesco todavía se puede ver en las palabras básicas como uno, dos, tres - one, two, three en inglés, amhain, dha, tri en irlandés, une, deux, trois en francés, unus, dúo, tres en latín, eins, zwei, drei en alemán, einn, tver, thrir en islandés, odin, dva, tri en ruso, ena, dúo, tria en griego.

Similarities in Vocabulary Indicating Close Relationships between Select Indo-European (Aryan) Languages

English	German	Spanish	Greek	Latin	Sanskrit
father	vater	padre	pater	pater	pitar
one	ein	uno	hen	unus	ekam
fire	feuer	fuego	pyr	ignis	agnis
field	feld	campo	agros	ager	ajras
sun	sonne	sol	helios	sol	surya
king	könig	rey	basileus	rex	raja
god	gott	dios	theos	deus	devas
USA	Germany	Spain	Greece	Italy	India

(Figura 47)

En el antepasado de la rama india de esta familia lingüística, el sánscrito, es eka, dva, treya. Las personas que hablaban ese idioma arrasaron conquistando en caballos y carrozas sobre las llanuras del norte de la India hace unos 4,000 años, llamándose a sí mismos los Arios. En su camino ellos le dieron su nombre a Irán, derivado de la raíz aria o aryan.

Irán fue el nombre antiguo de Persia, y la religión del Irán preislámico se llamaba zoroastrismo. El nombre de su profeta era Zaratustra, el "Observador de Estrellas". Los reyes de la antigua Irán estaban muy orgullosos de llamarse a sí mismos Arios, sus decretos en roca de hecho lo dicen así, incluyendo la famosa inscripción de Behistun por el rey persa Darío el Grande (522-486) para proclamar sus victorias militares:

Soy un Ario, el hijo de un Ario.(174)

La palabra ario la vemos una y otra vez en las antiguas escrituras iraníes - tales como las Yashts (oraciones a los elementos divinos) y el Vendidad (la ley contra el mal). Sin embargo, todas las antiguas escrituras de Zoroastro hablan de una antigua patria, la perdida "Airyane Vaejahi" o tierra de las semillas de los arios. A partir de esta patria, los indoeuropeos o arios se trasladaron a la parte superior de la India, Rusia y las naciones de Europa como Grecia, Italia, Alemania, Francia, Escandinavia, Inglaterra, Escocia e Irlanda.

Bal Gangadhar Tilak fue el primer líder popular del Movimiento de Independencia de la India. En 1903, escribió el libro El Hogar Ártico en las Vedas. En este, él sostuvo que las Vedas sólo pudieron haber sido compuestas en los árticos, y que los arios las habían traído al sur después del inicio de la Edad de Hielo.(239)

El sánscrito, el latín y el avéstico son lenguas hermanas, y el día de hoy las lenguas indias, persas y europeas superiores están relacionadas, por ejemplo la palabra hermano es baradar en Persa = brata en sánscrito = brother en Inglés. "Persia" es en realidad un término antiguo Europeo para el lenguaje "farsi". La fase árabe en Irán sólo comenzó hace 1300 años.

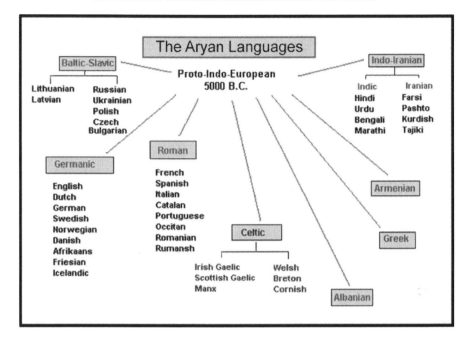

(Figura 61)

Las ciudades de Mohenjo-Daro y Harappa fueron construidas por los arios que emigraron a la India, trayendo con ellos las Vedas.(239) Ellos florecieron durante miles de años, antes de sucumbir a alguna otra catástrofe(100), o la degradación de la civilización.

Capítulo 6

La presencia de haplogrupos caucasoides en el sur de Siberia, Siberia, Mongolia, China y el sur de Asia es atestiguada por los estudios genéticos recientes, y, las momias del Altai y las regiones de Xinjiang sólo parecen corroborar a este hecho. Otros fueron hacia el este, donde durante mil años una lengua aria, llamada tocaria, se hablaba en lo que hoy es el Turquestán chino. Esta antigua raza de conquistadores fueron de cabello rubio, ojos azules y de un promedio de más de 6 pies de altura, ya que sus antiguos y perfectamente conservados restos momificados lo indican claramente.(169)

Algunos lingüistas han logrado vincular a los Proto-Indo-Europeos, a la cultura Androvonovo de la Edad de Bronce, con sede en el oeste de Siberia, lo que hoy es Kazajistán. Los restos de estas personas fueron enterrados en grandes montículos, de la misma forma como lo hicieron después los vikingos y los anglosajones en túmulos y agujeros conocidos como kurganos. Estos son similares a los antiguos montículos de los Indios Americanos que se encuentran dispersos por todo el valle del Mississippi.

Ahora los genetistas han examinado el ADN de estos Proto-Indoeuropeos extraídos de sus antiguas tumbas. Los resultados son revelados en tres trabajos seminales.(170, 171, 172) Resulta que genéticamente los Proto-Indoeuropeos enterrados en los sepulcros kurganos de la estepa hace 5,000 años eran idénticos a los europeos occidentales y del norte de hoy, pertenecientes a la sub-raza nórdica. La mayoría tenían el cabello claro y ojos azules o verdes. No fue hasta mucho más tarde que los complejos de genes asociados con otros tipos raciales aparecieron en la estepa de Asia Central, al norte de los desiertos y la zona de la agricultura de regadío.

Los restos momificados de esas personas que hablaban tocario en lo que hoy es el Turquestán chino, tienen el cabello rubio y rojo. Así como lo tenían, por cierto, varios antiguos faraones de Egipto. También es claro por la apariencia de la mayoría de los hablantes de las lenguas indo-arias de hoy en Pakistán, el norte de la India, Blackburn y Leicester que un cruce significativo ocurrió entre los conquistadores y los conquistados en los últimos 4,000 años desde entonces.

Los estudios llevados a cabo por científicos del Instituto de Genética Forense de la Universidad de Copenhague han llegado a la conclusión de que, todas las personas de ojos azules comparten un ancestro común, alguien que vivió hace unos 6,000 a 10,000 años atrás en una zona cerca de Anatolia. Los investigadores analizaron y compararon la composición genética única de los cromosomas en el iris de 155 individuos con ojos azules de diversas regiones como Dinamarca, Turquía y Jordania. Todos los sujetos que participaron en el estudio tenían las mismas "mutaciones" genéticas exactas en los cromosomas específicos del ojo con muy poca variación en los genes, lo que indica que la "mutación" responsable por los ojos azules surgió primero y se extendió hace relativamente poco tiempo. Los científicos concluyeron que ésta familia de ojos azules salió desde una zona al norte del Mar Negro después de la última Edad de Hielo.(19) El profesor Hans Eiberg del Departamento de Medicina Celular y Molecular en la Universidad de Copenhague, explica:

Estas personas se encontraban entre los Arios Proto-Indoeuropeos quienes posteriormente extendieron la agricultura en Europa Occidental y más tarde montaron caballos en Irán y la India.

Los ojos azules son un rasgo recesivo, y el gen deben ser heredado de ambos padres. (Los ojos verdes implican un gen relacionado pero diferente, que es recesivo al marrón pero dominante al azul). Después del final de la última Edad de Hielo, muchos europeos heredaron ese gen raro asociado con la gente de ojos azules que los diferencian del resto de la humanidad. Eso incluye a muchas personas que expresan tonos de marrón, ellos todavía son portadores del gen. De hecho, parece que la élite y la nobleza que organizó las primeras civilizaciones agrícolas conocidas, todos compartían esta característica, al parecer procedentes de la misma línea de sangre.

Cuando miramos al antiguo Egipto, posiblemente una de las civilizaciones antiguas más conocidas en el mundo, nos encontramos con varias momias rubias y pelirrojas. Desde la Segunda Guerra Mundial, la academia occidental, respaldada y cabildeada por fuerzas de motivación política en las Naciones Unidas, ha impulsado una visión igualitaria multicultural de la historia por motivos políticos, la que ha ignorado la evidencia arqueológica por favor de la corrección política. Incluso si esto hubiera sido de buena intención, esta falsa perspectiva ha arrojado demasiada confusión sobre los orígenes humanos: quiénes somos y cómo llegamos a ser.

Los científicos del Centro de ADN genealógico, iGENEA, con sede en Zurich, han publicado que el rey Tutankamón pertenecía a un grupo de perfil genético conocido como el haplogrupo R1b1a2. De acuerdo a los científicos, más del 50% de todos los hombres en Europa Occidental pertenecen a este grupo genético, así como también el 70% de los hombres británicos. Pero, entre los egipcios de hoy en día, menos del 1% de los residentes pertenecen a este haplogrupo.

El rey Tutankamón y la mayoría de los europeos comparten genéticamente un ancestro en común que vivió en la región del Cáucaso, la raza de ojos azules que se extendió con la agricultura después del final de la Edad de Hielo. Los genetistas no estaban seguros de cómo el linaje paterno de Tutankamón llegó hasta Egipto desde su región de origen, aunque es claro que la tecnología tal como las carrozas y los caballos domesticados fueron introducidos por una fuente extranjera. (62)

King Tut depicted slaying Nubians, a row of hieroglyphs proclaim:
"The perfect god, the image of the Sun rising over foreign lands, like Re when he appears, crushing the vile land of Kush, shooting his arrows against his enemies."

(Figura 62)

Otra de las civilizaciones más antiguas documentadas, a la cual se le acredita con tener la primera escritura, escuelas, tribunales y muchos muchas otras cosas, eran los antiguos sumerios de Mesopotamia. Los antiguos sumerios creían que los ojos azules eran una señal de los dioses. La nobleza de Sumeria era de ojos azules y cabello rubio, así como la mayoría de sus bustos lo muestran. Estas estatuas con ojos azules son de sumerios de a principios del tercer milenio antes de Cristo. Arthur Keith citado en *las excavaciones de Ur*, 1927:

Ellos (los sumerios) ciertamente pertenecen a la misma división racial humana de las naciones de Europa, ellos son descendientes de la población caucásica.(173)

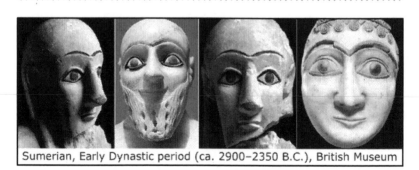

Sumerian, Early Dynastic period (ca. 2900–2350 B.C.), British Museum

(Figura 50)

El cuerpo físico de Buda Gautama es considerado tradicionalmente el tener las "Treinta y dos Características de un Gran Hombre". Éstas 32 características son descritas en el Canon Pali, y también es considerado que se encuentran presentes en los reyes Cakravartin. La característica #29 en la lista antigua es "Ojos azul profundo."(176)

Bodhidharma era un monje budista que vivió durante el 5to/6to siglo. A el se le acredita como el transmisor del budismo Zen a China y es considerado como su primer patriarca chino. De acuerdo a la leyenda china, el también comenzó la preparación física de los monjes de Shaolin lo que dirigió a la creación del Shaolinquan.

La Antología del Pasillo Patriarcal, considerado uno de los textos budistas más antiguo y auténtico, identifica a Bodhidharma como el patriarca 28vo del budismo en una línea ininterrumpida que se extiende todo el camino hasta al mismo Buda. En el arte budista, es representado con barba y grandes ojos, y es conocido como "El Bárbaro de los Ojos Azules" en los textos Chan de China.(175) Los nuevos hallazgos arqueológicos en China están obligando una nueva re-examinación de los libros chinos antiguos que describen a personajes históricos o legendarios de gran altura, con ojos azules o verdes, narices largas, barbas completas y con cabello rojo o rubio. Los escolares se habían burlado tradicionalmente de estas historias, pero ahora al parecer, estas historias son correctas.(180)

Muchas personas no son conscientes del hecho de que en China existen enormes pirámides que rivalizan a las de Egipto en el tamaño y la edad. Las pirámides de China, incluyen aproximadamente 100 montículos antiguos, varias se encuentran a menos de 100 kilómetros de la ciudad de Xian, en la planicie de Qin Chuan en la provincia de Shaanxi, de China Central. Las pirámides pueden ser visitadas en Xian ya que ahora las zonas no son prohibidas. Varias de las pirámides cuentan con pequeños museos.

Satellite images of two Chinese pyramids

(Figura 51)

Fue en estas regiones remotas donde James Churchward (1851-1936) sentía que había encontrado la evidencia de una civilización perdida llamada Mu. Para Churchward, Mu era una civilización perdida y continente en el Este, el que según él era de 50,000 años de antigüedad, y el que fue el hogar de 64 millones de habitantes. Él afirmó haber encontrado pruebas de esta civilización al hablar con un número de hombres indios. Aunque Mu se extendía desde Micronesia en el Oeste hasta la Isla de Pascua y Hawai en el Este sobre el Océano Pacífico, el conocimiento y tal vez los descendientes de esta patria original de la humanidad también estaban destinados a encontrarse en la India y las regiones circundantes. Él creía que la colonia principal de Mu fue el gran Imperio Uigur y que Khara Khoto fue su capital antigua, y que la civilización estaba en su apogeo alrededor de 15,000 antes de Cristo.(25)

El continente de Mu de Churchward no era demasiado diferente a la Lemuria de Madame Blavatsky, y fue el estadounidense teósofo Gottfried de Purucker (1874-1942), quien afirmó que esta región, esta enorme extensión de país, la mayor parte de su desierto, "fue una vez fértil y exuberante, con ciudades."(180)

El desierto de Taklamakan es un gran desierto arenoso, parte de la Cuenca del Tarim, una región más o menos entre el Tíbet y Mongolia, en China Occidental, y es cruzado en su extremo norte y sur por la Ruta de la Seda. Las condiciones son tan duras que los viajeros evitan el desierto lo más posible, pero en milenios pasados, la región era habitable y poblada.

El paisaje de China no sólo está lleno de enormes pirámides, sino también por cientos de antiguas momias rubias con características caucasoides. Los descubrimientos en la década de 1980 de la imperturbable Belleza de Loulan de 4,000 años y del cuerpo más joven del Hombre de Charchan de 3,000 años de edad, son legendarios en los círculos arqueológicos del mundo por el buen estado de su conservación y por la riqueza de conocimientos que aportan a la investigación moderna. Muchos arqueólogos creen ahora que se trata de los ciudadanos de la antigua civilización de Arios que existía en el este.

4,000-year-old Aryan mummy called Beauty of Loulan

(Figura 52)

La mayoría de las momias son de un promedio por encima de 6 pies de altura, algunas eran alrededor de 6'6" de altura. Tenían narices largas y cráneos alargados, cabello rubio o rojo, labios delgados, ojos hundidos, y otras características inconfundiblemente caucásicas, como barbas rojizas. El Dr. Victor H. Mair, de la Universidad de Pensilvania, dijo: "los cadáveres caucasoides de la Cuenca del Tarim son casi ciertamente representantes de la familia Indoeuropea." Los antiguos historiadores griegos y chinos habían dado referencia durante mucho tiempo a un grupo cultural y étnico único en su frontera occidental con cabello rojo y ojos azules, un grupo que asentó la antigua Afganistán y forjó un imperio budista vibrante que extendió el budismo a gran parte del mundo a través de china y la India. Cuando las momias de 4,000 años de antigüedad fueron descubiertas en el siglo 20 en la cuenca del Tarim de el desierto de China Occidental, con fisonomía caucasoide y ropaje de origen aparentemente ario o celta, los historiadores, los antropólogos y los arqueólogos quedaron pasmados. La cuestión etnocultural hizo de este un asunto serio.

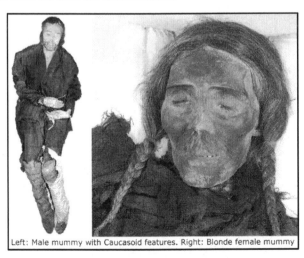

Left: Male mummy with Caucasoid features. Right: Blonde female mummy

(Figura 53)

Los escolares chinos de hoy se niegan a creer que las fundaciones importantes de su historia fueron importadas, y los habitantes modernos de la región del Tarim (Xinjiang), los Uigures, insisten en que ellos eran los nativos originales de la región. Ahora parece que los habitantes originales eran tanto nativos como genéticamente similares a los europeos (rubios, altos, etc.), incluso si ellos no invadieron el territorio a través de Europa durante el reciente Holoceno, residiendo allí desde el Pleistoceno (edad de hielo).

Sabemos que eran jinetes y ganaderos, utilizaron carrozas y puede que hubieran inventado el estribo. Sabemos que habían habitado esta región en 1800 a.C. Que alrededor de 1200 a.C., los indo-europeos se unieron a otra ola de inmigrantes, desde lo que hoy es Irán (la rama denominada Saka). De hecho, los nómadas Saka tenían sombreros largos y puntiagudos, como los que se encontraron junto a el Hombre de Cherchen, y como aparecen en los relieves de Persépolis en el sur de Irán. Una estatua de bronce encontrada en las montañas de Altai, del siglo quinto antes de Cristo, llevaba un sombrero similar. Lo más importante, es el hecho de que la estatua tenía rasgos caucasoides, y mostraba similitudes en su vestimenta con el Hombre de Cherchen. El descubrimiento de estas momias, de hecho, reescribió la historia aunque les guste o no las implicaciones políticas.(25) Algunos parecían haber tenido los ojos azules, a como es mostrado en las ilustraciones chinas basadas en las leyendas de los antiguos "dioses" que introdujeron a la región las primeras formas de la alquimia, y lo que más tarde se conoció como la filosofía pre-budista. Los Tocarios son identificados como los descendientes de estos antiguos misioneros.

Una evidencia física importante que tenemos para determinar si estos misioneros budistas estaban relacionados con las momias, son frescos chinos, imágenes y literatura que representan a los que los chinos llamaban los Yuezhi, y a los que los griegos llamaban los Tocarios, quienes eran bastante extraños en su forma de vestir, la cultura, y su apariencia. El arte chino muestra a monjes con piel pálida, cabello rojo, de ojos azules y con barbas, obviamente de una raza y cultura muy diferentes a la China de hoy. Con cabezas rapadas parcialmente, con los lóbulos de las orejas colgantes, y la postura de la mano en forma de loto, estos caucásicos blancos son, evidentemente, los monjes budistas que trajeron la nueva fe a las personas a lo largo de las rutas comerciales y migratorias que habían seguido cuando salieron de la cuenca del Tarim hacia Afganistán.

Las momias en el cementerio del Pequeño Río son, hasta ahora, las más antiguas descubiertas en la cuenca del Tarim. Pruebas de carbono realizadas en la Universidad de Beijing mostraron que la parte más antigua data a hace unos 4,000 años. Un equipo de genetistas chinos analizaron el ADN de las momias. Los linajes maternos eran predominantemente del este de Eurasia, haplogrupo C, con un número menor de H y K, mientras que las líneas paternas eran todas de Eurasia occidental, R1a1a.(192)

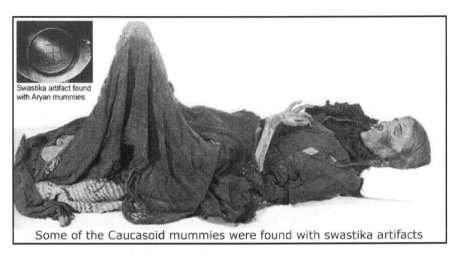

Swastika artifact found with Aryan mummies

Some of the Caucasoid mummies were found with swastika artifacts

(Figura 54)

El profesor Victor Mair, de la Universidad de Pennsylvania, afirma que "las primeras momias de la Cuenca del Tarim eran exclusivamente Caucasoides, o Europoides", y que los inmigrantes del este de Asia llegaron en las partes orientales de la Cuenca del Tarim hace alrededor de 3,500 años, mientras que los pueblos Uigures llegaron alrededor del año 842. El profesor Mair explica que:

Los nuevos hallazgos también están obligando a una nueva re-examinación de los libros chinos antiguos que describen a personajes históricos o legendarios de gran altura, con ojos azules o verdes, narices largas, barbas completas, y el cabello rojo o rubio. Los escolares se han burlado tradicionalmente en estas historias, pero ahora parece que son reales.(190)

La Ruta de la Seda era un antiguo camino de las caravanas que unía a China al Occidente. Las momias caucasoides en esta parte del mundo podrían sugerir que esta ruta comercial es de hecho más antigua de lo que se pensaba, llevándose a cabo un tipo de contacto transoceánico muchos milenios antes del primer viaje de Colón a América. Según el Dr. Han Kangxin, antropólogo del Instituto de Arqueología en Beijing, la evidencia esquelética y momificada claramente apunta al hecho de que los primeros habitantes de la región de la Cuenca del Tarim eran personas que: "Estaban relacionadas a los Cro-Magnon de la Europa Paleolítica."(177)

Esta teoría es apoyada por el Dr. Victor Mair, especialista en lenguas y culturas asiáticas antiguas de la Universidad de Pensilvania, quien estimuló la búsqueda principal que encontró las momias. Él se ha convertido en el principal defensor de la teoría de que grandes grupos de europeos estaban presentes en la Cuenca del Tarim mucho antes que los actuales habitantes de la zona.(190)

A medida que los arqueólogos chinos excavaban a través de las cinco capas de enterramientos, el Dr. Mair relató, que se encontró con casi 200 postes, cada uno de 13 pies de altura. Muchos tenían láminas planas, pintadas de negro y rojo, como los remos de un estupendo barco que se había hundido bajo las olas de arena. Al pie de cada poste de hecho, había barcos, puestos boca abajo y cubiertos con piel de vaca. Los cuerpos dentro de los barcos todavía llevaban la ropa con la que habían sido enterrados. Llevaban gorras con plumas ensartadas en el borde. Vestían con grandes capas de lana con flecos y botas de cuero.(190) Dentro de cada barco-ataúd se encontraban objetos funerarios, incluyendo canastas bellamente tejidas, máscaras hábilmente talladas y efedra, una hierba que pudo haber sido utilizada en rituales o como medicina, así como varias libras de cáñamo (marijuana) y amapola (opio).(192)

La lengua hablada por la gente del cementerio del Río Pequeño es desconocida, pero el Dr. Mair cree que podría haber sido el tocario, un antiguo miembro de la familia de lenguas indoeuropeas (arias). Los manuscritos escritos en tocario han sido descubiertos en la Cuenca del Tarim. La gente del cementerio del Río Pequeño vivieron más de 2,000 años antes de la evidencia más temprana del tocario, pero el Dr. Mair dice que existe una clara continuidad de la cultura en la forma en que las personas estuvieron siendo enterradas con sombreros de fieltro, una tradición que continuó hasta los primeros siglos d.C.(37)

Hace más de un siglo, en 1888, Madame Blavatsky, en su obra magna, La Doctrina Secreta, señala con una sorprendente claridad:

◇◇

Sin embargo, los restos de una civilización inmensa, incluso en Asia Central, están aún por ser encontrados. Esta civilización es innegablemente prehistórica. Y ¿cómo puede haber una civilización sin una literatura, en alguna forma, y sin anales o crónicas? El sentido común solo debe completar los enlaces rotos en la historia de las naciones que han partido. La gigantesca pared, ininterrumpida de las montañas del Tíbet son testigas de una civilización durante muchos milenios, y tendrían extraños secretos que contar a la humanidad. Las partes orientales y centrales de esas regiones - el Nan-Schayn y la Altyne-Taga [hoy conocido como Altyn-Tagh] - estuvieron una vez cubiertas por ciudades que bien pudieron haber competido con Babilonia. Un período geológico entero ha sido barrido de la tierra, ya que esas ciudades dieron su último respiro, a como los montículos de arena movediza, y la tierra estéril y ahora muerto suelo de las inmensas llanuras centrales de la Cuenca del Tarim lo testifican. Sólo las fronteras son superficialmente conocidas al viajero. Dentro de esas mesetas de arena hay agua, y oasis frescos se encuentran en flor allí, en donde ningún pie europeo se ha aventurado, o pisado el suelo ahora traicionero. Entre estos oasis verdes hay algunos que son totalmente inaccesibles, incluso para el viajero profano nativo. Los huracanes pueden "romper las arenas y barrer llanuras enteras", pero son impotentes en destruir esto que está fuera de su alcance. Construidos en las entrañas de la tierra, los almacenes subterráneos son seguros; y como sus entradas se ocultan en esos oasis, hay poco temor de que cualquier persona los descubra.

El Oasis de Tchertchen, por ejemplo, situado a unos 4,000 pies sobre el nivel del río Tchertchen D'arya, está rodeado por las ruinas de ciudades arcaicas y pueblos en todas las direcciones. Allí, unos 3000 seres humanos representan las reliquias de un centenar de naciones y razas extintas - sus nombres mismos son ahora desconocidos para nuestros etnólogos... los respectivos descendientes de todas estas razas antediluvianas y tribus poco saben de sus propios antepasados, como si hubieran caído de la luna. Cuando se le pregunta acerca de su origen, responden que no saben de donde sus padres han llegado, pero que han oído que sus primeros (o antiguos) hombres habían sido gobernados por los grandes genios de estos desiertos.

El emplazamiento de las dos ciudades está ahora cubierto, debido a las arenas y el viento del desierto, con reliquias extrañas y heterogéneas; con porcelana rota y utensilios de cocina y huesos humanos. Los nativos a menudo encuentran monedas de cobre y oro, plata derretida, lingotes, diamantes y turquesas, y lo más notable es el cristal roto... ataúdes de madera sin decadencia, o de material, contienen cuerpos bellamente embalsamados y preservados... las momias masculinas son hombres extremadamente altos, poderosamente construidos, con largo cabello rizado.(179)

Las Momias del Tarim han destruido la idea de que el Occidente y el Oriente se desarrollaron de forma independiente, y que sólo recientemente se pusieron en contacto.(178) La cuestión, sin embargo, es si los europeos fueron al este o si un grupo de personas caucasoides (Cro-Magnon), quizás nativos a la Cuenca del Tarim, fueron hacia Europa. Puede que ambos, ya que es más que probable que estemos hablando de una civilización global vinculada y la difusión.

Figura 55

Según el historiador persa Ab ul Ghasi, el líder mongol Temujin (1167-1227 d.C.), mejor conocido por su título de Genghis Khan (Gobernante Universal) pertenecía al clan tribal conocido como Bourchikoun (Los Hombres de Ojos Grises).

La madre ancestral y fundadora de este clan era conocida como Alan goa (hermosa Alan). De acuerdo con las leyendas mongolas y chinas sobre el tema, dicen que ella había sido visitada en su carpa por un ser divino, que poseía cabello de oro, tez blanca y ojos grises. Poco después de esta visita, ella dio a luz al primer miembro del clan Bourchikoun.

El mismo Temujin fue descrito en las historias chinas, con tener una alta estatura y barba espesa. También debemos señalar la siguiente descripción de la apariencia de Temujin, dada por Harold Lamb, en su biografía del gran Khan:

Debió haber sido alto, con hombros anchos, su piel de un color bronceado blanquecino. Sus ojos, muy separados bajo una frente inclinada. Y sus ojos eran de color verde o azul-gris en el iris, con pupilas negras. El cabello largo de color marrón rojizo caía en trenzas sobre su espalda.

Ab ul Ghasi también observó que la familia de Yesugai, el padre de Temujin, era conocida por el hecho de que a menudo sus hijos tenían la tez blanca y los ojos azules o grises. El nombre de la esposa de Temujin, era Burtai, y significa "ojos grises". Los parientes y descendientes de Temujin también poseían estas características: el hijo y sucesor de Temujin, Ogadei, tenía ojos grises y cabello rojo; el nieto de Temujin, Mangu, tenía cejas rojizas y una barba de color marrón rojizo; Subatei, quien conquistó a China, tenía una larga barba rojiza. De hecho, se dice que las personas se sorprendieron de que Kubilai Khan tuviera el cabello y los ojos oscuros, porque la mayoría de los descendientes de Genghis Khan tenían el cabello rojizo y ojos azules.

En el libro del Génesis del Antiguo Testamento, una narración dice que el arca de Noé había descansado "sobre el monte de Ararat". Algunos de la nobleza de una civilización antediluviana, posiblemente atlantes, pudieron haberse asentado en el Monte o región del Ararat al este de Anatolia (cerca de los países ahora conocidos como Armenia y el norte de Irán). Luego, se trasladaron hacia el este (a la India, Pakistán, etc) y al oeste (a Europa central, norte y occidental), enseñando su lenguaje (proto-indoeuropeo/iraní o ario), su tecnología (el uso de la rueda, los animales domésticos, la agricultura, etc) y mezclándose con los pueblos que vivían en esas regiones.

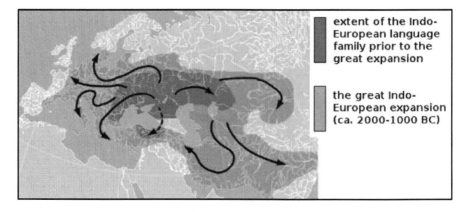

extent of the Indo-
European language
family prior to the
great expansion

the great Indo-
European expansion
(ca. 2000-1000 BC)

(Figura 49)

Al igual que el norte de la India, Alemania también estaba poblada por los Arios. No debe pensarse que el sánscrito es la raíz, sino una de las ramas del árbol ario, que se deriva del proto-ario, como las lenguas germánicas. Por lo tanto, comparte un origen común, y es de la misma edad que las lenguas germánicas en donde el Antiguo Ario sigue viviendo. Dondequiera que los arios estuvieron, los misterios astro-teológicos solares fueron con ellos, apareciendo en el transcurso del tiempo después de que se olvidara su origen, como las bases de las religiones, poemas épicos, folklore y cuentos infantiles.(221)

Casi todas las leyendas que conocemos vienen a nosotros de estos antiguos antepasados arios; a veces con cambios ligeros, a veces son tan alteradas que los vínculos entre la vieja historia y la nueva son desconectados; pero todos estos mitos y tradiciones, cuando llegamos a conocer su significado, nos llevan de regreso a la época en que los arios habitaban juntos en las tierras altas de Asia Central.(221)

Esta expansión aria, incluyendo a su rama marinera, los fenicios, era de personas tecnológicamente avanzadas, quienes han sido marginados por la historia oficial, lo que ha oscurecido su verdadera identidad. Son fundamentales para la comprensión del origen de las civilizaciones agrícolas, y los factores que contribuyeron a su degradación o caída. Fueron ellos los que trajeron tanto sus líneas genéticas como sus conocimiento a Europa, Escandinavia y a las Américas, miles de años antes de Cristo.(207)

Capítulo 7

Podemos rastrear la evolución y la difusión de los misterios de base solar y cómo se convirtieron en la columna vertebral de todas las religiones paganas. Desde la región de las montañas del Cáucaso, trasladándose al valle del Indo de la India y creando lo que hoy se conoce como la religión hindú. Fueron estas mismas invasiones arias las que introdujeron el antiguo idioma sánscrito de la India y las historias y mitos contenidos en los libros sagrados hindúes, las Vedas. La investigación de Waddell sobre las civilizaciones antiguas estableció que el padre del primer rey Ario histórico de la India (registrado en la epopeya Maha-Barata y la historia budista de la India) fue el último rey histórico de los Hititas en Asia Menor. Los Arios de la India adoraban al Sol como el Padre-dios Indra, y los Fenicios Hititas llamaban a su Padre-dios Bel por el nombre, Indara. Bajo muchos nombres, estas mismas personas arias también se asentaron en Sumeria, Babilonia, Egipto y Asia Menor, ahora Turquía, y otros, llevándose con ellos las mismas historias, mitos y misterios de la religión solar.

Es por ello que todas las grandes religiones cuentan la misma historia, pero utilizando diferentes nombres. Todas ellas vienen de la misma fuente, de esta difusión aria durante el Holoceno actual.(207)

Pueblos teutónicos, viene del término "teutones", que es una forma latinizada de la palabra que significa el pueblo de origen germánico en general. Sin embargo, también se refiere a las lenguas habladas por otros pueblos, incluyendo el gótico, anglosajón, inglés, holandés, islandés, nórdico, danés, alemán y el sueco.

Robert Sepehr, Pergamon Museum in Berlin, Germany

(Figura 63)

130

Los Cimerios emigraron al noroeste desde el Cáucaso y Asia Menor (Turquía) hacia los países que ahora llamamos Bélgica, los Países Bajos, Alemania y Dinamarca. Los historiadores romanos, Plinio y Tácito, dijeron que todas las personas a lo largo de la costa de los Países Bajos hasta Dinamarca eran del mismo grupo étnico, y esto es apoyado por la evidencia arqueológica que indica que este pueblo llegó a esa región alrededor del 300 al 250 a.c. Otro grupo viajó por el río Danubio, a través de Hungría y Austria al sur de Alemania y Francia. Los romanos los llamaban los Galos y los griegos los conocían como los Celtas.(207)

Los Escitas, otro grupo Ario, también se trasladaron hacia el norte desde el Cáucaso a Europa, donde su nombre fue cambiado por los Romanos para distinguirlos entre los otros pueblos. Los emblemas sagrados de los Escitas incluían la serpiente, el buey (Tauro), el fuego o llamas, el sol y Tho o Theo, el dios Pan de los egipcios. Los Romanos llamaron a los Escitas los Sármatas y Germanos de la palabra latina Germanus, la que significa genuino.(207) Otro grupo de Arios-Escitas, conocidos como los Sakkas, fueron al este del Cáucaso siguiendo el rastro de los Arios anteriores, estos llegaron a las fronteras de China alrededor del 175 antes de Cristo. Acerca de este tiempo los registros chinos hablan de unas personas llamadas los Sai-wang o Sok-wang quienes se vieron obligados a huir de la India. Sok-wang significa príncipes Sakka.

Los registros indican que éstos Sakkas se retiraron hacia el sur a la India a través de las montañas de Afganistán, y las monedas que datan alrededor del año 100 a.C. confirman que un reino Sakka fue creado en los valles superiores del Indo entre Cachemira y Afganistán. Una vez más, no es una coincidencia que la religión del budismo surgiera de tierras ocupadas por los Sakkas (Arios-Escitas).(206, 207)

Por el año 500 a.C., una tribu llamada los Sakyas vivió en la zona donde se supone que el Buda nació unos 63 años antes. Gautama Buda fue llamado Sakyashina, Sakamuni, el sabio de Sakya, el maestro Sakya y el león de la tribu de Sakya. En los Mitos Solares Arios el Origen de las Religiones, Sarah Elizabeth Titcomb, dice que:

En la antigüedad vivía una raza noble de hombres, llamados los Arios. Quienes hablaban un lenguaje aún no sánscrito, griego o alemán, sino que contenían los dialectos de todos, este clan que había avanzado a un estado de civilización agrícola había reconocido los lazos de sangre, y sancionado los lazos del matrimonio. Adoraban la naturaleza, el sol, la luna, el cielo y la tierra. Su principal objeto de adoración era el sol. Casi todas las leyendas que conocemos llegan a nosotros de nuestros antepasados los Arios, a veces cambiadas ligeramente, a veces tan alteradas que los vínculos entre la historia vieja y la nueva deben que ser descodificados; pero todos estos mitos y tradiciones, cuando llegamos a conocer su significado, nos llevan de nuevo a la época en que los Arios habitaban juntos en las tierras altas de Asia Central.(201)

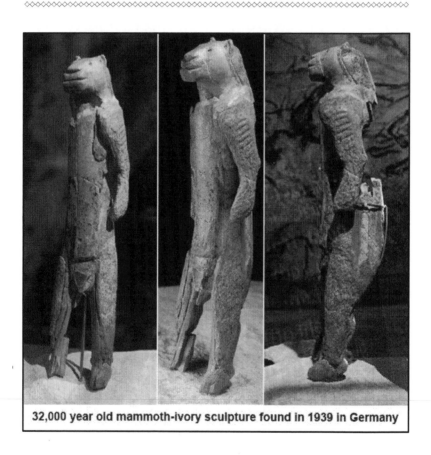

32,000 year old mammoth-ivory sculpture found in 1939 in Germany

(Figura 64)

El historiador ocultista irlandés Michael Tsarion, coincide en que la herencia Aria es muy antigua y probablemente antediluviana, señalando su influencia en todas las partes del mundo:

Los arios puede ser judíos o gentiles, saxones o hindúes, celtas o egipcios, orientales o nórdicos, mayas o maorí. Originalmente, los arios eran técnicamente y espiritualmente videntes dotados, sabios, o los Ancianos de la Atlántida... y las otras civilizaciones perdidas que florecieron y luego cayeron hace más de diez mil años.(220)

Estos primeros Arios adoraban a los elementos de la naturaleza; la Luna, el Cielo, la Tierra y, sobre todo, al Sol, la metáfora definitiva para la "Luz Divina". Para estas personas, en la infancia de su reciente aparición, después de un cataclismo, el Sol no era una simple luminaria espiritual, sino un creador, gobernante, y salvador de su mundo a como ellos lo conocían. Porque no puede haber vida o vegetación sin la luz, el Sol, como un portador de la luz (literalmente, "Lucifer"), se convirtió para estas personas en su creador. Para ahuyentar la oscuridad, también en la fertilización de la tierra, el Sol se convirtió para ellos en el conservador/protector o salvador de la humanidad y de todos los seres vivos. A medida de que el sol a veces quema, marchita la vegetación y seca los ríos, este mismo Sol es visto también como un destructor. En este contexto de Creador, Preservador y Destructor, el Sol puede ser visto como una Trinidad.

Se dice que, a los himnos védicos, de mil a mil quinientos años antes de la Era Cristiana, es donde debemos ir por el desarrollo que cambia al Sol de una simple luminaria a un Ser Supremo. Estos himnos contienen el germen de la historia del Dios y Salvador nacido de la virgen, el gran benefactor de la humanidad, quien es finalmente condenado a la muerte, y resucitando de nuevo a la vida y a la inmortalidad al tercer día.(219)

En el Diccionario de Sánscrito, compilado hace más de dos mil años, nos encontramos con una historia completa de la deidad encarnada Vishnu, quien apareció en forma humana como Krishna. Vishnu, enviado a aliviar la tierra de su carga de miseria y pecado, bajó del cielo, naciendo de la virgen Devaki, el 25 de diciembre.(219)

(Figura 65)

Durante siglos después del tiempo asignado como el nacimiento de Jesús, él no era representado como un hombre en una cruz. La más antigua representación de él era como un cordero.(238) Esta costumbre se mantuvo hasta el pontificado de Agatón (608 d.C.), durante el reinado de Constantino Pogonato. Por el Sexto Sínodo de Constantinopla (Canon 82), se ordenó que en lugar del símbolo antiguo, que había sido el cordero, la figura de un hombre clavado en una cruz lo debería de representar. Todo esto fue confirmado por el papa Adriano I (203,238)

Al hablar de las naciones que están comprendidas bajo la denominación común Indo-europeo, Max Müller dice:

Los hindúes, los persas, los celtas, los alemanes, los romanos, los griegos y los eslavos - no sólo comparten las mismas palabras y la misma gramática, ligeramente modificada en cada país, sino que parece que han conservado igualmente una masa de tradiciones populares, las que se había desarrollado antes de salir de su hogar común.(235)

Los misterios solares, a como han sido mencionado, se fueron con los Arios cuando poblaron Persia, convirtiéndose en la religión de los antiguos

Parsis. Mitra era el nombre que los persas le dieron al Sol. Al pasar de los siglos, fue completamente olvidado que Mitra era el Sol, y se creía que él era el Hijo Unigénito de Dios, quien había bajado del Cielo para ser un mediador entre Dios y el hombre, para salvar a los hombres de sus pecados. Se dice que este Dios-hombre nació el 25 de diciembre, y fue celebrado con gran regocijo.(219)

Si volvemos a los egipcios, encontramos con que los mitos solares arios se convirtieron en la base de su religión también. Uno de los nombres para el Sol era Osiris. Los hechos relacionados con la encarnación, el nacimiento, la vida y la muerte de Osiris son muy similares a las leyendas de los dioses solares de los hindúes y persas.(219)

El sol, la luna y cinco planetas fueron cada uno de ellos asignados a un día de la semana, el séptimo día era de Saturno, y el que se mantuvo como un día santo. Se creía en la Inmortalidad del Alma y era una doctrina muy antigua.(219) Horus, otro nombre egipcio para el Sol, se decía que había nacido de la virgen inmaculada Isis (la Luna), el 25 de diciembre. Los antiguos egipcios tenían una leyenda del Árbol de la Vida, cuyo fruto convertía a aquellos que lo comieran como los dioses.(219, 220)

Los antiguos griegos tenían una tradición de las Islas de los Bienaventurados, el Elíseo, en los confines de la tierra, y el Jardín de las Hespérides, el Paraíso, en el que había un árbol que crecía manzanas de oro de la Inmortalidad. Era custodiado por tres ninfas y una serpiente o dragón. Fue uno de los trabajos de Hércules el recoger algunas de estas manzanas de la Vida. Los medallones antiguos representan un árbol con una serpiente enroscada alrededor. Los griegos, quienes son arios, se llamaban a sí mismos los "Helenos", lo que significa los Luminosos, y remontan su descendencia de las personas que fueron destruidas por el diluvio, al igual que otras tribus.(220)

Los chinos tienen una leyenda del Sol quedándose quieto, y una leyenda del diluvio. Historias de la ascensión al cielo de los hombres santos, sin una muerte, son encontrados en su mitología. Ellos creen que en los últimos días habrá un milenio, y que un hombre divino se establecerá a sí mismo en la tierra, y en todas partes restablecerá la paz y la felicidad. Desde tiempos inmemoriales, los chinos han adorado a una madre virgen y a su hijo. La madre es llamada Shin-moo, o la Santa Madre, y es representada con los rayos de gloria rodeando su cabeza. Las veladoras se mantienen encendidas constantemente ante sus imágenes, las que se elevan en alcobas detrás de los altares de sus templos.(219)

En México el dios-sol, o el salvador, Quetzalcóatl, nacido en la tierra de Tulán en Anahuac, era el hijo de Tezcatlipoca, el Supremo Dios de los antiguos mexicas, y de la virgen Sochiquetzal, quien fue adorada como la Virgen Madre, la Reina de Cielo. Los antiguos mexicas tenían una historia de un diluvio, en el que una persona correspondiente a Noé, junto con otras seis personas, en un arca, aterrizó sobre una montaña, un pájaro fue enviado para determinar si las aguas se habían retirado. También tenían una leyenda de la construcción de una torre, que alcanzaba a los cielos, su objetivo era el ver lo que estaba pasando en el Cielo, y también como lugar de refugio en caso de otro diluvio. Los dioses contemplaron con ira a este edificio, cuya parte superior alcanzaba las nubes, y lanzaron fuego del cielo sobre ella, lo que la derrumbó matando a muchos de los trabajadores. Después el trabajo fue suspendido, ya que a cada familia interesada en la construcción de la torre recibió un lenguaje diferente, y los constructores no pudieron entenderse entre sí.(219)

Los escandinavos adoraban a un Dios trino (una trinidad), al que consagraron un día de la semana para él, el día llamado hasta la actualidad Odin, o el día de Woden, lo que es nuestro miércoles. Ellos tenían el rito del Bautismo. Tenían una leyenda de un Edén, o Edad de Oro, que duró hasta la llegada de la mujer de Jotunheim, la región de los gigantes.

Los antiguos germanos adoraban a una madre virgen y a un niño. El nombre de la virgen era Ostara ó Eostre, de donde viene nuestra Pascua. En la antigüedad, este festival era precedido por la indulgencia de una semana en todo tipo de deportes, llamado el carnaval.

La adoración de la constelación de Aries, era la adoración del sol en su paso a través de este signo, y la edad fue llamada Aria. Esta constelación fue llamada el Cordero o el Carnero por los antiguos. En una antigua medalla de los fenicios, traída por el Dr. Clark de Citio (y descrita en su libro "Viajes", vol. Ii. Cap. Xi.), este "Cordero de Dios" es descrito con la cruz y el rosario".

El Fénix, el pájaro mítico de Egipto, era de hecho el pájaro solar de los fenicios, el emblema del Dios Sol, Bil o Bel, y el que fue simbolizado más tarde por un pavo real o un águila.(227)

Capítulo 8

Parece que la gente antigua de las diversas culturas de todo el mundo estaban muy fuertemente involucradas en los diferentes sistemas de adivinación. Ya se trate de tirar los huesos, mirar las entrañas de los animales, mirar en las nubes de humo, el I Ching, la lectura del café, las cartas del tarot, astrología, etc, todo parece implicar una forma única de vincular la mente humana, o la conciencia, con la naturaleza misma del tiempo mismo con el fin de entender los ciclos de la naturaleza y predecir el futuro.

Aunque a menudo los pasan por alto, los calendarios constituyen uno de los artefactos culturales más importantes de la creación humana. No sólo ordenan nuestras vidas, lo cual es en sí mismo una función muy importante que permite la vida en la Tierra el proceder con regularidad, pero también el estudio de la historia de los calendarios revela una similitud zodiacal y ciclos numéricos sagrados comunes entretejidos en lo oculto del misterio de muchas religiones del mundo y actividades chamánicas.

La astroteología es más comúnmente definida como el estudio de las influencias astronómicas registradas en la religión, lo que implica que la religión consiste en diversas alegorías astronómicas. La astroteología también representa la observación y el respeto de los ciclos y fenómenos naturales, incluidos los cuerpos celestes como el sol, la luna, los planetas, las estrellas, las constelaciones y su mayor influencia potencial o relevancia en nuestras vidas. En términos generales, sin embargo, podemos incorporar la adoración de la naturaleza en general en la definición, así, de forma que la astroteología podría utilizarse para describir la antigua religión mundial en su conjunto, lo que también personifica a espíritus percibidos en los elementos como el viento, el agua, el fuego y la tierra, así como la antropomorfización de animales, como el cocodrilo en Egipto, o el mono en la India. Por supuesto, la principal atracción oculta que ocupa un lugar central en el tema de la astroteología es la veneración de la luz y su mayor representante simbólico, el Sol. En palabras del investigador y autor Jordan Maxwell:

El primer enemigo del hombre fue la oscuridad. Al comprender este hecho por sí solo, las personas pueden ver fácilmente el por qué el mayor y más confiable amigo que la raza humana jamás podría haber tenido hasta ahora, es el más grande regalo de Dios al mundo... ese Glorioso Naciente Astro del Día: el SOL.

Los animales también se ven afectados por el Sol, así como por la Luna. Por lo tanto, la reverencia de estos cuerpos celestes, y los elementos que representan a como son expresados en numerosas celebraciones sagradas está incluido en el conocimiento más profundo de la astroteología. En adición a esto están, además, las muchas estructuras antiguas de piedra de todo el mundo que se encuentran siempre alineadas a los solsticios y equinoccios.

Hace unos 12,000 años, al final de la última Edad de Hielo, una tribu magdaleniense tardía, se instaló en el sureste de Anatolia y construyó un santuario calendárico ahora conocido como Gobekli Tepe, en lo que hoy en día es la actual Turquía. La estatua humanoide más antigua descubierta hasta ahora es de 12,000 años de edad, conocida como el Hombre de Urfa, también fue encontrada en la región de Gobekli Tepe. Al igual que las estatuas de ojos azules del antiguo Egipto y Sumeria, esta tiene obsidianas de cristal azul en los ojos. A más de 5,500 años antes de las primeras ciudades de Mesopotamia, y 7,000 años antes del círculo de Stonehenge, enormes torres de piedra en forma de T fueron erigidas y talladas con dibujos de leones, escorpiones, jabalíes, zorros y otros animales. De los muchos animales representados en Gobekli Tepe, la especie más común observada es la serpiente y sus representaciones han sido también encontradas en otros sitios.(212)

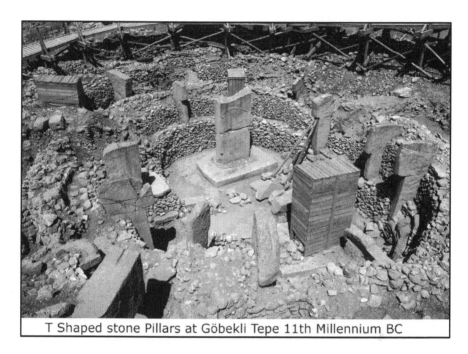

T Shaped stone Pillars at Göbekli Tepe 11th Millennium BC

(Figura 48)

En el centro se encontraba lo que algunos arqueólogos han interpretado como un "árbol de la vida", a su alrededor hay 12 grandes polos y un zodiaco de 12 animales, que simbolizaban al año solar de una docena de meses de 30 días cada uno, un total de 360. Nosotros podemos ver la misma división calendárica de 360 para el año solar utilizado por los egipcios y los aztecas.(212)

En base a mi propia investigación, y las conclusiones de otras personas que trabajan en el campo(231), se ha vuelto muy claro para mí que la gente del Paleolítico, específicamente los descendientes del Cro-Magnon, habían sido conscientes del fenómeno astronómico conocido como la precesión de los equinoccios, y lo que seguían de forma continua, al menos desde la última Edad de Hielo.(230)

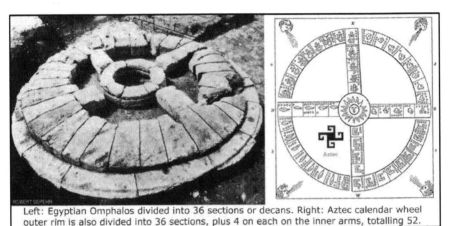

Left: Egyptian Omphalos divided into 36 sections or decans. Right: Aztec calendar wheel outer rim is also divided into 36 sections, plus 4 on each on the inner arms, totalling 52.

(Figura 57)

En 1894 el astrónomo hindú, Sri Yukteswar (1955-1936), escribió que la causa del ciclo conocido como la precesión, o la precesión de los equinoccios, era por el resultado de la órbita de nuestro sol alrededor de otra estrella. Estimó el período de la órbita a 24,000 años. Este largo ciclo es el mismo concepto que el Gran Año de Platón, así como el Calendario Maya de la Cuenta Larga.(214)

Los mayas utilizaron tres calendarios diferentes. El primero fue el Calendario Sagrado, o Tzolk'in, el que duraba 260 días y luego comenzaba de nuevo, al igual que nuestro calendario de 365 días el que se actualiza una vez que llega diciembre 31. Este calendario era importante para las actividades relacionadas con la agricultura y la programación de las ceremonias religiosas. El segundo fue el calendario Haab', o Calendario Secular, el que duraba 365 días. El calendario final fue el calendario de la Cuenta Larga, el que incluía fechas escritas como cinco jeroglíficos separados por cuatro períodos, y el que recientemente completó un ciclo mayor el 21 de diciembre del 2012 de nuestro calendario, marcando el final del 13 b'ak'tun del Calendario maya de la Cuenta Larga.

Mayan long count calendar

(Figura 58)

Esta reverencia por los aspectos cíclicos de la naturaleza y el tiempo, también están presentes cuando se considera el más profundo y oculto contexto de la cruz pre-cristiana, especialmente en el contexto de los 4 puntos cardinales, los que son de gran importancia en la astrología esotérica y la astroteología. Esta comprensión es la esencia detrás del símbolo más famoso conocido como la esvástica. Aunque a menudo se considera que su origen es en la India, el antiguo símbolo y su significado fue traído a la India por los arios y pre-data al sánscrito en sí, el que también fue introducido a la India. De hecho, estos mismos arios introdujeron el caballo y el carruaje a la India, lo que es mencionado en las antiguas epopeyas arias de la India. La teoría de la invasión Aria se ha vuelto políticamente incorrecta en los últimos años. Dicho esto, el sistema de castas que todavía es visible hoy en la India, fue impuesto por estos mismos arios, lo que de acuerdo a algunos nacionalistas hindúes, son historias fabricadas de personas que nunca invadieron.

Una de las interpretaciones de la esvástica es el de un emblema del año solar, así como el "Gran Año" de Platón, lo que también es conocido como la precesión de los equinoccios. Los antiguos griegos asociaban el símbolo de la esvástica con el dios solar Apolo, lo que ejemplifica el uso histórico y universal del símbolo como emblema solar.

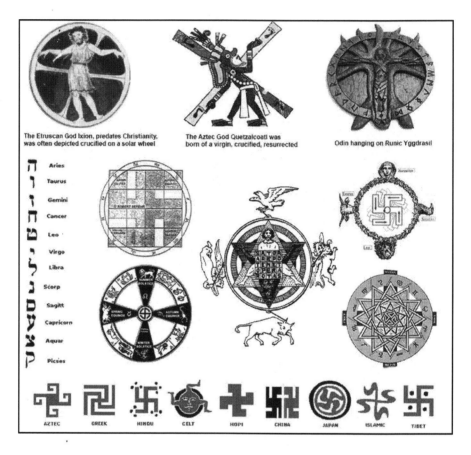

(Figura 59)

La Cruz Fija, que consta de las cuatro constelaciones, tiene los mismos cuatro signos considerados en la creencia cristiana como los cuatro seres vivientes del profeta Ezequiel. Estos cuatro tenían la cara de un hombre, Acuario; el cuerpo de un león, Leo; los cuernos de un toro, Tauro; y las alas de un águila, Escorpión. El Águila, por cierto, era astrológicamente intercambiables con Escorpión.

The Face of a Man, Aquarius; The Body of a Lion, Leo
The Horns of an Ox, Taurus; The Wings of an Eagle, Scorpio
(The Eagle was astrologically interchangeable with Scorpio)

(Figura 66)

Estos mismos 4 signos fijos del zodíaco están simbolizados en los cuatro evangelistas, y en las cuatro bestias del Apocalipsis. Tenga en cuenta que Escorpión tiene no sólo dos símbolos sino tres: el Escorpión, el Águila y el Fénix.

Human (Aquarius), Lion (Leo), Bull (Taurus), Eagle (Scorpio)

(Figura 67)

Cuando se dice que Moisés había descendido de la montaña con los diez mandamientos (Siglo 17-13 a.C., al final de la Era de Tauro), algunos de sus seguidores fueron encontrados por él adorando a un becerro de oro. El dió instrucciones a que asesinaran a estos fieles. Esto representa a Moisés "matando" al toro, poniendo fin a la Era de Tauro, y marcando el comienzo de la Era de Aries; la que él representa cuando es retratado con cuernos de carnero.

The Worship of the Golden Calf
by Filippino Lippi (1457–1504)

"Moses Breaking the Tables of the Law"
Exo 32:19 ...he saw the calf, and the dancing: and Moses' anger waxed hot, and he cast the tables out of his hands, and brake them beneath the mount.

(Figura 68)

Este es el mismo escenario de cuando Mitra, como el héroe o deidad solar termina la Era de Tauro matando al toro, marcando el comienzo de la Era Aria. Este ritual antiguo todavía es jugado con las corridas de toros de hoy, y la razón por la que el torero con el capote solar rojo (los toros son daltónico al color rojo) tradicionalmente termina matando al toro al final.

White marble relief with Mithras slaying bull

(Figura 60)

En Egipto y en las civilizaciones de las Américas, nos encontramos con la adoración de un dios del sol. En Egipto, el dios solar es llamado Ra. Los Toltecas de México llamaban a su dios solar Rana, y el dios solar peruano era Raymi. Carl G. Jung dijo:

"El sol es en realidad el único símbolo razonable para dios. El sol es el dios padre que da vida a todas las apariencias, el creador de todos los seres vivos, la fuente de energía de nuestro mundo".

Las leyendas egipcias hablan de un momento en que el sol estaba completamente oscurecido por las nubes densas. Los antiguos egipcios también hablan de las "edades de fuego y el hielo, y la victoria del dios-sol contra el malvado". Durante el tiempo del fuego y el hielo, también hay mención de una "vida cavernícola", un momento en que la gente vivía en las cuevas de las montañas para escapar de la devastación.(215)

La ·mayoría de las civilizaciones en América Central/Sur y Egipto conservan la tradición de un diluvio. A como vemos a menudo en la mitología de la inundación, hay una transferencia de la leyenda de la Atlántida por un pueblo Atlante a una alta montaña, su nuevo hogar. En Timeo, Platón relata la historia contada por los sacerdotes egipcios:

Han habido, y habrá de nuevo, muchas diferentes calamidades para destruir a la humanidad derivadas por muchas causas; la mayor ha sido provocada por las agencias del fuego y el agua; unas menores por otros incontables medios. Existe una historia, que incluso ustedes han conservado, la de que érase una vez que Faetón, el hijo de Helios, habiendo atado los corceles al carruaje de su padre, quemó todo lo que había en la tierra, porque no pudo manejarlos en el camino de su padre, y él mismo fue destruido por un rayo. Ahora, esto tiene la forma de un mito, pero realmente significa una declinación de los cuerpos que se mueven en el cielo alrededor de la tierra, y una gran conflagración repitiéndose en largos intervalos de tiempo.(233)

Los sacerdotes egipcios, a través de Platón, señalan que el antiguo mito dá referencia claramente a los eventos celestes, y a las alteraciones percibidas que se producen cuando los cambios ocurren a intervalos regulares. Se le es explicado a Solón, el estadista griego, que su pueblo carecen de los registros de estos eventos, ya que son tan devastadores que incluso el lenguaje y la escritura misma se pueden perder. El sacerdote continúa:

Mientras que en el momento en que usted y otras naciones están comenzando a ser proporcionados con las letras y los demás

requisitos de la vida civilizada, después del intervalo usual, la
corriente desde el cielo, como una peste, se vierte, dejando sólo
aquellos de ustedes que están desprovistos de las letras y la educación;
y por lo que tienen que comenzar todo de nuevo como niños, sin
saber nada de lo que sucedió en la antigüedad, ya sea entre nosotros
o entre ustedes. En primer lugar, ustedes solo recuerdan a un diluvio
solamente, pero hubo muchos anteriores; en segundo lugar, usted no
sabe que antiguamente en su tierra habitaba la más bella y noble
raza de hombres que ha existido, y que usted y toda su ciudad
descienden de una pequeña semilla o residuo de los sobrevivientes. Y
esto era desconocido para usted, ya que, durante muchas
generaciones, los sobrevivientes de esa destrucción murieron sin dejar
palabra escrita.(233)

◇◇◇

¿Qué cuerpos celestes podrían influir en los acontecimientos cataclísmicos en la tierra? Los científicos de la NASA han estado buscando una invisible "Estrella de la Muerte", que de acuerdo con la hipótesis rodea a nuestro Sol, y la que periódicamente envía cometas potencialmente catastróficos hacia la Tierra. Esta teórica estrella, también conocida por los astrónomos como Némesis, se espera que exceda cinco veces el tamaño de Júpiter. También podría ser la culpable de la repercusión que acabó con los dinosaurios hace 65 millones de años. Algunos científicos culpan al bombardeo de misiles celestiales en la extinción masiva de la vida, lo que dicen que sucede periódicamente en la Tierra.

Algunos científicos creen que Némesis es una enana roja o marrón; una "estrella fallida" que no ha logrado generar suficiente energía para quemar como el Sol. Puede que con el tiempo sea detectable por el súper telescopio espacial sensible al calor, la Sonda Exploradora Infrarroja de Campo Ancho (WISE por sus siglas en inglés), pero hasta el momento nada ha sido admitido oficialmente al público.

Se cree que nuestro sistema solar está rodeado por una vasta esfera de cuerpos distantes llamados la nube de Oort. Parte de estos escombros espaciales pueden ser pateados hacia los planetas interiores como cometas; bolas gigantescas de hielo, polvo y roca. La sugerencia es que la influencia gravitatoria masiva de la "Estrella de la Muerte" es la culpable. Los paleontólogos David Raup y Jack Sepkoski descubrieron que, durante los últimos 250 millones de años, la vida en la Tierra ha sido devastada en un ciclo bastante regular y predecible. Se sugiere que los impactos de los cometas son los culpables probables de estas catástrofes globales periódicas.

La mayoría de las estrellas tienen una o más estrellas compañeras que orbitan entre sí, lo que haría la soltería de nuestro sol inusual. Una clave importante para la existencia de Némesis es un planeta enano misterioso llamado Sedna, el que fue descubierto en una órbita alargada de 12,000 años de duración alrededor del sol. Mike Brown, el descubridor de Sedna, dijo:

Sedna es un objeto muy extraño, no debería estar allí. Nunca se acerca a los planetas gigantes o al sol. Esta muy, muy allá afuera en esta órbita muy excéntrica. La única manera de obtener una órbita excéntrica es tener algún cuerpo gigante pateándote, así que, ¿qué está allí fuera?

El profesor John Matese, de la Universidad de Louisiana, dice que la mayoría de los cometas en el sistema solar interior parecen provenir de la misma región de la Nube de Oort, puestos en marcha por el tirón de una estrella compañera del sol que dispersa los cometas a su paso. Él sugiere que es hasta cinco veces el tamaño de Júpiter, y agregó que: "Existe evidencia estadísticamente significativa que esta concentración de cometas podría ser causada por un compañero del Sol"

Cualquiera que sea la causa de estos cataclismos periódicos sobre la tierra, es claro que hubo un evento masivo que separó al Pleistoceno (edad de hielo) de nuestra actual edad Holocena hace aproximadamente 11,500 años. El rápido derretimiento de las capas de hielo causaron un aumento global del nivel del mar, sumergiendo islas y comunidades costeras en todo el mundo. Una vez que nos confrontamos a esto, podemos descubrir que nuestra cuna histórica de la civilización nunca salió de África, sino de la Atlántida.

Bibliografía

1. *The New York Times*, (November 21-23, 1953)

2. Scott, Dave. *Icon of Evolution 'Lucy' Bites the Dust.* (2007)

3. Stokstad, E. *Hominid Ancestors May Have Knuckle Walked.* Science. 287:2131-2132. (2000).

4. Richmond; Strait. *Evidence that Humans Evolved from Knuckle-Walking Ancestor.* Nature; Vol. 404. (3/23/2000).

5. Gish, Dr. Duane. *Evolution: The Fossils Still Say No.* Institute for Creation Research. (1985).

6. Berge, Christine. *How did the australopithecines walk? A biomechanical study of the hip and thigh of Australopithecus afarensis.* Journal of Human Evolution. (1994).

7. Roger Lewin, *Bones of Contention.* p. 164 (1987)

8. Oxnard, Charles. *The Order of Man: A Biomathematical Anatomy of the Primates.* Yale Press. (1984).

9. *The New York Times.* (Aug. 29, 2009)

10. Darwin, Charles. *The Descent of Man.* D. Appleton and Company. (1871)

11. Green, D. and Alemseged, Z. "Australopithecus afarensis Scapular Ontogeny, Function, and the Role of Climbing in Human Evolution", Science 338. (October 2012)

12. de Camp, L. Sprague. *The Great Monkey Trial.* Doubleday. (1968).

13. Conkin, Paul K.. *When All the Gods Trembled: Darwinism, Scopes, and American Intellectuals.* Rowman & Littlefield Publishers, Inc. (1998).

14. Folsom, Burton W. Jr. *The Scopes Trial Reconsidered.* Continuity (1988).

15. Larson, Edward J. *Summer for the Gods: The Scopes Trial and America's Continuing Debate Over Science and Religion.* BasicBooks. (1997).

16. Huse, Scott M. *The Collapse of Evolution.* Baker Book House, page 135. (1997).

17. *Time* Magazine. (January 10, 1927)

18. *Time* Magazine. *The Diggers.* (August 15, 1927)

19. New York Times. *Human tooth found in Montana coal bed.* Page 3. (November 8, 1926)

20. Johanson, Donald C.; Wong, Kate. *Lucy's Legacy: The Quest for Human Origins.* Crown Publishing. (2010).

21. *Mother of man - 3.2 million years ago.* BBC Home. (2008).

22. Comninellis, Nicholas; White, Joe. *Darwin's Demise: Why Evolution Can't Take the Heat.* Master books. (2001).

23. Darwin, Charles. *On the Origin of Species.* (1859).

24. Barras, Colin. "Baboon bone found in famous Lucy skeleton". New Scientist. (April 2015).

25. McKie, Robin. *Piltdown Man: British archaeology's greatest hoax.* The Guardian Observer. (February 2012).

26. Gould, Stephen J. *The Panda's Thumb*, W. W. Norton and Co. pp. 108–124, ISBN 0-393-01380-4 (1980).

27. Gregory, W.K. *Hesperopithecus apparently not an ape nor a man.* Science 66 (1720): 579–81. (1927).

28. Gibbons, Ann. *A new kind of ancestor: Ardipithecus unveiled.* Science 326 (5949): 36–40. (October 2009).

29. Lachance, Joseph et al. "Evolutionary History and Adaptation from High-Coverage Whole-Genome Sequences of Diverse African Hunter-Gatherers", Cell, Vol. 150 , Issue 3 . (2012).

30. Green, R. E. et al Science 328, 71022. (2010).

31. ncbi.nlm.nih.gov/pubmed/20448178?dopt=Abstract&holding=npg

32. Meyer, M., "A high-coverage genome sequence from an archaic Denisovan individual", Science 338, (2012)

33. Georgiev O, et al., "A recent evolutionary change affects a regulatory element in the human FOXP2 gene", (2012)

34. Klyosov, A. & Rozhanskii, I. "Re-Examining the "Out of Africa" Theory and the Origin of Europeoids (Caucasoids) in Light of DNA Genealogy", Advances in Anthropology, 2, 80-86. (2012).

35. Klyosov, A. & Rozhanskii, I. Re-Examining the "Out of Africa" Theory and the Origin of Europeoids (Caucasoids) in Light of DNA Genealogy. Advances in Anthropology, 2, 80-86. doi: 10.4236/ aa.2012.22009. (2012).

36. https://web.stanford.edu/group/stanfordbirds/text/essays/Hybridizatio n.html

37. Seguin, Andaine. "Genomic structure in Europeans dating back at least 36,200 years". Science, (2014)

38. Leonard, R.C. *Atlantis and Cro-Magnon Man, Anthropological Insights.* (2011)

39. Coon, Carleton S., *The Races of Europe*, Macmillan, New York, (1939)

40. Bordes, Francois, *The Old Stone Age*, McGraw-Hill Book Co., New York, (1968)

41. Pfeiffer, John E., *The Emergence of Man.* Harper & Row, New York & London. (1969)

42. Hawkes, Jacquetta. *The Atlas of Early Man.* New York: St. Martin's Press. 1976

43. Hibben, Frank C., *Prehistoric Man in Europe*, Oklahoma University Press, Norman, (1958)

44. Briggs, L. Cabot, *The Stone Age Races of Northwest Africa*, Bulletin of the American School of Prehistoric Research, No. 18, Cambridge, (1955).

45. Torres, M.J.F., *Biological and archaeological information in coprolites from an early site in Patagonia*, Current Research in the Pleistocene, Vol. iii, Nos. 74-75, (1986).

46. Charroux, Robert, *One Hundred Thousand Years of Man's Unknown History*. (translated from the French by Lowell Bair), Berkley Publ. Corp., (1970).

47. Campbell, Duncan. *Bad karma for cross llama without a hump*. (2002)

48. Liliana Cortez-Ortiz, Thomas F. Duda, Jr., "Hybridization in Large-Bodied New World Primates", Genetics, (August 2007)

49. Kelaita, M. A. and Cortez-Ortiz, L., "Morphological variation of genetically confirmed Alouatta Pigra A. palliata hybrids from a natural hybrid zone in Tabasco, Mexico". Am. J. Phys. Anthropol. (2013)

50. "The Race Question", UNESCO, (1950)

51. Hammer, M.F.; Woerner, A.E.; Mendez, F.L.; Watkins, J.C.; Wall, J.D. "Genetic evidence for archaic admixture in Africa". Proceedings of the National Academy of Sciences. (2011).

52. Lachance, J.; et al. "Evolutionary History and Adaptation from High-Coverage Whole-Genome Sequences of Diverse African Hunter-Gatherers". Cell. (2012).

53. Callaway, E. "Hunter-gatherer genomes a trove of genetic diversity". Nature. (26 July 2012).

54. Stringer, C. "What makes a modern human". Nature 485 (7396): 33–35.(2012).

55. Green, R.E.; Krause, J.; Briggs, A.W.; Maricic, T.; Stenzel, U.; Kircher, M. et al. "A Draft Sequence of the Neandertal Genome". Science 328 (5979): 710–722. (2010).

56. Prüfer, K.; Racimo, F.; Patterson, N.; Jay, F.; Sankararaman, S.; Sawyer, S. et al. "The complete genome sequence of a Neanderthal from the Altai Mountains". Nature 505 (7481): 43–49. (2014)

57. Sankararaman, S.; Patterson, N.; Li, H.; Pääbo, S.; Reich, D; Akey, J.M. "The Date of Interbreeding between Neandertals and Modern Humans". PLoS Genetics 8 (10): e1002947.(2012).

58. Meyer, M.; Kircher, M.; Gansauge, M.T.; Li, H.; Racimo, F.; Mallick, S. et al. "A High-Coverage Genome Sequence from an Archaic Denisovan Individual". Science 338 (6104): 222–226 (2012).

59. Wall, J.D. et al. "Higher Levels of Neanderthal Ancestry in East Asians than in Europeans". Genetics 194 (1): 199–209. (2013)

60. Sankararaman, S.; et al. "Te genomic landscape of Neanderthal ancestry in present-day humans". Nature 507 (7492): 354–357. (2014).

61. Lowery, R.K.; et al. "Neanderthal and Denisova genetic affinities with contemporary humans: Introgression versus common ancestral polymorphisms". Gene 530 (1): 83–94. (2013).

62. Bowman, J.; Chown, B.; Lewis, M.; Pollock, J. M. "Rh-immunization during pregnancy: antenatal prophylaxis". Canadian Med Ass Journal. (1978).

63. Scott ML (2004). "The complexities of the Rh system". Vox

64. "It's The Frankenstein Monster Of The Fish World: The Blood Parrot!". AquaFriend.com. (2002)

65. Bataagiin Bynie: Mongolia: The Country Refort (sic!) On Animal Genetic Resources, Ulaanbaatar p. 11 (2002)

66. "Meet Rama the cama... BBC". BBC News. (1998-01-21).

67. James Mallet. "Hybridization, ecological races and the nature of species: empirical evidence for the ease of speciation". (2008).

68. Wilson, P. J. "DNA profiles of the eastern Canadian wolf and the red wolf provide evidence for a common evolutionary history independent of the gray wolf ". Canadian Journal of Zoology. (2000).

69. "Blast from the Past. The Very First F1 Savannah". Feline Conservation Federation (2007)

70. Carroll, Sean B. "Remarkable creatures". New York Times. (September 13, 2010).

71. Sanford, Malcolm T. "The Africanized Honey Bee in the Americas: A Biological Revolution with Human Cultural Implications". American Bee Journal. (2006).

72. Guynup, Sharon. "The mating game: ligers, zorses, wholphins, and other hybrid animals raise a beastly science question: what is a species?" missouri.edu

73. Steven Strong, Andy Whiteley, "DNA Evidence Debunks the "Out-of-Africa" Theory of Human Evolution", Wake Up World. (2013)

74. Walker, D. N.; Frison, G. C. "Studies on Amerindian Dogs 3: Prehistoric Wolf/Dog Hybrids from the Northwestern Plains". Journal of Archaeological Science. (1982).

75. Miller, Crichton. *The Golden Thread of Time.* (2000)

76. Leonard, R. Cedric. *Atlantis and Cro-Magnon Man*, (2011)

77. Burenhult, Goran, *People of the Stone Age*, from: The Illustrated History of Humankind Vol. 2, Landmark Series of the American Museum of Natural History, Harper-Collins, (1993).

78. Mary A. Kelaita1, Liliana Cortés-Ortiz, "Morphological variation of genetically confirmed Alouatta Pigra × A. palliata hybrids from a natural hybrid zone in Tabasco, Mexico", American Journal of Physical Anthropology Volume 150, Issue 2, (February 2013)

79. Bordes, Francois, *The Old Stone Age*, McGraw-Hill Book Co., New York, (1968).

80. Daily Mail. "Ancient humans 'rampantly interbred' with Neanderthals and a mystery species in Lord Of The Rings-style world of different creatures". *(19 November 2013)*

81. Hammer, Michael. "Out of Africa and Back Again: Nested Cladistic Analysis of Human Y Chromosome Variation", (1998)

82. F.E Grine, et al., "Late Pleistocene Human Skull from Hofmeyr, South Africa, and Modern Human Origins", Science (12 January 2007)

83. Pengfei Qin, Mark Stoneking, "Denisovan Ancestry in East Eurasian and Native American Populations". (2015)

84. Prufer et al., "The complete genome sequence of a Neanderthal from the Altai Mountains". Nature. (2014).

85. Nature, *Sequence variants in SLC16A11 are a common risk factor for type 2 diabetes in Mexico*

86. Encyclopedia Britannica 1994-2002

87. Hammer, M.F.; et al. "Genetic evidence for archaic admixture in Africa". Proceedings of the National Academy of Sciences. (2011).

88. Lachance, J.; et al. "Evolutionary History and Adaptation from High-Coverage Whole-Genome Sequences of Diverse African Hunter-Gatherers". Cell 150. (2012)

89. F.E. Grine et al., "Late Pleistocene Human Skull from Hofmeyr, South Africa, and Modern Human Origins", (2007)

90. Marshack, Alexander. *Lunar Notation of Upper Paleolithic Remains.* Science. (1964).

91. Spence, Lewis T. *The History of Atlantis*, Rider & Co., London. 1926.

92. Thorndike, Joseph J. Jr. *Mysteries of the Past.* American Heritage, New York. 1977.

93. Hadingham, Evan. *Secrets of the Ice Age.* Walker and Company, New York. (1979).

94. Smith, Philip E. L. "Stone Age Man on the Nile. Scientific American", Vol. 235. (1976).

95. Allers K, Hütter G, Hofmann J, Loddenkemper C, Rieger K, Thiel E et al. "Evidence for the cure of HIV infection by CCR5Δ32/Δ32 stem cell transplantation". Blood 117 (10): 2791-9. (2011).

96. Jegues-Wolkiewiez, Chantal. *Etoiles dans la nuit des temps.* HARMATTAN. (2000)

97. "The roots of astronomy, or the hidden order of a Palaeolithic work" (in Les Antiquités Nationales, tome 37 pages 43 - 52), February 2007.

98. Caramelli et al. "A 28,000 Years Old Cro-Magnon mtDNA Sequence Differs from All Potentially Contaminating Modern Sequences." PLoS One, (2008)

99. Sepehr, Robert. *1666 Redemption Through Sin. Global Conspiracy in History, Religion, Politics and Finance* Atlantean Gardens. (2015)

100. Sepehr, Robert. *Occult Secrets of Vril, Goddess Energy and Human Potential.* Atlantean Gardens. (2015)

101. Donnelly, Ignatius. *Atlantis, Antediluvian World.* (1882)

102. Plato. *Timaeus* (360 B.C.E.)

103. Hall,Manly P. *Secret Teachings of the Ages.* (1928)

104. Leonard, R. Cedric. "Pre-Platonic Writings Pertinent to Atlantis" (2008)

105. Pratt, David. *The Ancient Americas: migrations, contacts, and Atlantis.* (2009)

106. Weber, George. *Clovis people (New Mexico, USA) and Minnesota Woman.* Minnesota, USA. (2008)

107. Leonard, R. Cedric. *Atlanteans in America: Paleolithic Cro-Magnons in America.* (2008)

108. Patterson, Nice. et al. "Ancient Admixture in Human History", Genetics. Volume 192, (November 2012).

109. Andrews, Shirley. *Atlantis: insights from a lost civilization.* (2002)

110. Brown, Wallace, et al., American Journal of Human Genetics, University of Chicago Press (1998)

111. Am J, Hum Genet. *mtDNA haplogroup X: An ancient link between Europe/Western Asia and North America?* (1998)

112. Ripan S. Malhi and David Glenn Smith, *Brief Communication: Haplogroup X Confirmed in Prehistoric North America*

113. Lindsay, Jeff. *Y Chromosome Haplogroups 4 and 1C and mtDNA Haplogroup X*

114. Little, Gregory L., Van Auken, John, Little, Lora. *Ancient South America*. P 50. (2002)

115. Kurlansky, Mark. *The Basque History of the World*. Random House Publ., New York. (2001)

116. Alexander Braghine, Shadow of Atlantis, 1940, p. 187-188

117. Louis Farrar, A Modern Survival of Ancient Linguistics, 1922

118. Muck, Otto. *The Secret of Atlantis*. (1954)

119. Ryan, Pittman. *Noah's Flood. The New Scientific Discoveries about the Event that Changed History*. (1998)

120. Center for Basque Studies University of Nevada, Reno, Nevada 89557-2322

121. von Humboldt, Wilhelm. *Researches into the Early Inhabitants of Spain with the help of the Basque language* (original title: Prüfung der Untersuchungen über die Urbewohner Hispaniens vermittelst der vaskischen Sprache), (1821)

122. Blanc, S. H., *Grammaire de la Langue Basque* (d'apres celle de Larramendi), Lyons & Paris. (1854)

123. Ripley, William Z., *The Races of Europe*. D. Appleton & Co., New York, (1899)

124. Hiernaux, Jean, *The People of Africa*, Charles Schribner's Sons, New York, (1975)

125. Leonard, R. Cedric. *A Paleolithic Language*. (2011)

126. Lundman, Bertil J., *The Races and Peoples of Europe*, IAAEE Monograph No. 4 (translated from German by Donald A. Swan), New York, (1977)

127. Harrison, Michael. *The Roots of Witchcraft*. Citadel Press, Secaucas, N.J. (1974)

128. Conrado Rodriguez-Martín. *Mummies, Disease, and Ancient Cultures*. Cambridge University Press. (1998)

129. Professor Retzius, "Smithsonian Report," p. 266 (1859)

130. Blavatsky, H.P., *The Secret Doctrine*. Theosophical University Press. (1888)

131. Kapnistos, Peter Fotis. "More Terrible than Atlantis?"

132. Encyclopaedia Britannica 11th ed. 1911

133. Baumgarten, Albert Irwin. *The Phoenician History of Philo of Byblos: a Commentary*. Leiden: E. J. Brill. (1981)

134. Fremantle, Francesca. *Luminous Emptiness: understanding the Tibetan Book of the Dead*. Shambhala Publications (2001)

135. Verbrugghe, Gerald P., and John Moore Wickersham. Berossos and Manetho, Introduced and Translated: Native Traditions in Ancient Mesopotamia and Egypt. Ann Arbor: University of Michigan Press. (1996)

136. Leonard, R. Cedric. "PREDYNASTIC EGYPT: The Archeological Story" (2008)

137. Bible, King James translation of 1611. The Greek LXX Version, Zondervan Publ. House, Grand Rapids, (1970)

138. Plato, *Critias*, (360 B.C.E.)

139. Wallace DC et al. "Mitochondrial DNA variation in human evolution and disease". NCBI. (1999)

140. Stanton, G.R. *Athenian Politics c800–500BC: A Sourcebook*, Rout-ledge, London (1990)

141. Brown MD, et al., "mtDNA haplogroup X: An ancient link between Europe/Western Asia and North America", (1998)

142. Karafet TM, et al., "Ancestral Asian source(s) of new world Y-chromosome founder haplotypes", (1999)

143. François Hammer 1 and Nicolas Gruel, "Jewish and Middle Eastern non-Jewish populations share a common pool of Y-chromosome biallelic haplotypes", (2000)

144. Edgar Cayce, Hugh Lynn Cayce. *Edgar Cayce on Atlantis* (1962)

145. Scientific American, November 1991, pages 104-105.

146. Elizabeth S Brown, "Distribution of the ABO and rhesus (D) blood groups in the north of Scotland" (1965)

147. Barry Fell, "America B.C.: Ancient Settlers in the New World", (1989)

148. Willoughby, C.C. 1935. Antiquities of the New England Indians. Peabody Museum Publications.

149. Stone AC, Stoneking M. 1998. mtDNA analysis of a prehistoric Oneota population: implications for the peopling of the New World. Am J Hum Genet 62:1153–1170.

150. Hauswirth WW, Dickel CD, Rowold DJ, Hauswirth MA. 1994. Inter- and intrapopulation studies of ancient humans. Experientia 50:585–591.

151. Ribeiro-Dos-Santos AKC et al. 1996. Heterogeneity of mitochondrial DNA haplotypes in pre-Columbian natives of the Amazon region. Am J Phys Anthropol 101:29–37.

152. Royce, Mbel. 1976. *Blood of the Gods.*

153. Webb, Stuart. 2012. *Atlantis and Other Lost Worlds.* Paranormal Files.

154. Hiram Bingham, *Across South America; an account of a journey from Buenos Aires to Lima by way of Potosí, Boston, NY*: Houghton Mifflin Company, p. 277 (1911)

155. Fawcett, Col. P.H. *Exploration Fawcett,* (1953), pp. 75-7

156. Protzen, Jean-Pierre. *Inca Architecture and Construction at Ollantaytambo,* p. 187. (1993)

157. Perez, Juanjo. *Los ablandadores de piedras,* (Sep 2006,)

158. Protzen, Jeane-Pierre. *Inca Architecture and Construction at Ollantaytambo,* pp. 170-1 (1993)

159. Maurice Cotterell, *The Lost Tomb of Viracocha: Unlocking the secrets of the Peruvian pyramids,* London: Headline, (2001) p. 67.

160. Donnelly, I. *Atlantis: The Antediluvian World. New York: Gramercy Publishing Company.* (1982)

161. Donnelly, I. Ragnarok: The age of fire and gravel. New York: University Books. (1949)

162. Hammond, N. *The emergence of Mayan civilization. Scientific American*, pp. 106-115. (1985, August).

163. Toth, M., & Nielsen, G. *Pyramid Power*. New York: Destiny Books. (1985).

164. Cayce, E. E. *Edgar Cayce on Atlantis*. New York: Paperback Library. (1969).

165. Dan Vergano, USA TODAY, "Discovery could bring Peru's 'cloud warriors' to earth", (Jan 2007)

166. Titcomb, Sarah Elizabeth. *Aryan sun-myths the origin of religions* (1889)

167. Dottie Indyke. *The History of an Ancient Human Symbol*. (2005.)

168. Origin of Caucasoid-Specific Mitochondrial DNA Lineages in the Ethnic Groups of the Altaiayan Region M. V. Derenko, B. A. Malyarchuk and I. A. Zakharov, (2002)

169. Bouakaze et al, First successful assay of Y-SNP typing by SNaPshot minisequencing on ancient DNA, International Journal of Legal Medicine, vol 121 (2007), pp. 493-499.

170. Keyser et al, Ancient DNA provides new insights into the history of South Siberian Kurgan people, Human Genetics, vol. 125, no. 3 (September 2009), pp. 395-410.

171. Lalueza-Fox et al, "Unraveling migrations in the steppe: mitochondrial DNA sequences from ancient central Asians" (2004)

172. Langmead, Ben. "Frontiers of Sequencing Data Analysis" (2014)

173. Keith, Arthur. *Ur Excavations* (1927)

174. Darius the Great, "Behistun Inscription" (522 BC)

175. Anthology of the Patriarchal Hall (952)

176. *Pali Canon* (29 BC)

177. Dr. Han Kangxin, Physical Anthropologist at the Institute of Archeology in Beijing

178. Coppens, Philip. *White Masters in the deserts of China*, New Dawn, Volume 10, Number 12 (2009)

179. Blavatsky, H.P. *The Secret Doctrine* (1888)

180. Coppens, Philip. *White Masters in the deserts of China*, New Dawn, Volume 10, Number 12 (2009)

181. von Hagen, Adriana. "An Overview of Chachapoya Archaeology and History" Museo Leymebamba

182. Muscutt, Keith. *Warriors of the Clouds.* University of New Mexico Press, Albuquerque, (1998)

183. J. Marla Toyne, *Tibial surgery in ancient Peru*, University of Central Florida, Orlando, FL, USA (2014)

184. Giffhorn, Hans. *Was America Discovered in Ancient Times?* (2013, 2014). Published in the German Language as *Wurde Amerika in der Antike entdeckt? Karthager, Kelten und das Rätsel der Chachapoya*

185. Vergano, Dan. "Discovery could bring Peru's 'cloud warriors' to earth", USA TODAY (Jan 2007)

186. Heyerdahl, Thor. *The Kon-Tiki Expedition: By Raft Across the South Seas* (1948)

187. Heyerdahl, Thor. *The Bearded Gods Speak.* (1971)

188. Cotterell, Maurice. *The Lost Tomb of Viracocha: Unlocking the Secrets of the Peruvian Pyramids.* (2003)

189. "The Mystery of China's Celtic Mummies". *The Independent.* (2006)

190. Mair, Victor H., "Mummies of the Tarim Basin," Archaeology, vol. 48, no. 2 (1995)

191. Chunxiang Li, et al. "Evidence that a West-East admixed population lived in the Tarim Basin as early as the early Bronze Age". BMC Biology (2010)

192. Barber, Elizabeth Wayland. "The Mummies of Ürümchi"

193. Adams, R. E. W. Rio Azul. National Geographic, pp. 420-449 (1986, April)

194. Wilson, Thomas. *The Swastika: The Earliest Known Symbol and its Migrations.* (1896)

195. von Schwerin, H. *Nordic Elements in Afro-Asia.* Northern World IV (2) pp. 24-30. (1960).

196. von Schwerin, H. *European Elements in Afro-Asia.* Mankind Quarterly IV pp. 127-133. (1964)

197. Guillaume, A. *The Life of Muhammad: A Translation of Ibn Hisham's "Sirat Rasul Allah".* Oxford: University Press.(1987)

198. Baltzer, H. Rasse und Kultur: *Ein Gang durch die Weltgeschichte.* (Weimar: Duncker Verlag). (1934)

199. Lewis, B. *Race and Slavery in the Middle East: An Historical Enquiry.* Oxford: University Press. (1990)

200. Vollers, K. *Über Rassenfarben in der arabischen Literatur.* Siragusa. (1910)

201. Günther, H. F. K. *Rassenkunde des jüdischen Volkes.* Munich: J. F. Lehmans Verlag. (1930)

202. Grant, M. *Dawn of the Middle Ages.* Weidenfeld & Nicolson. (1981)

203. Coon, C.S. *The Races of Europe.* Macmillan. (1939)

204. Sordo, E. [I. Michae, trans.] Moorish Spain: Cordoba, Seville, Granada (New York: Crown Publishers). (1962)

205. Payne, S. G. A History of Spain and Portugal: Volume One (Madison: University of Wisconsin Press). (1973)

206. Fossier, R. "The Beginning of Europe's Expansion." In Dunan & Bowle pp. 298-321. (1968)

207. Günther, H. F. K. [G. C. Wheeler, trans.] The Racial Elements of European History (London: Methuen). (1927)

208. Weyl, N. "The Arab World: A Study of Biogenetic Disintegration." Mankind Quarterly VIII pp. 26-43. (1967)

209. Baltzer, H. Rasse und Kultur: Ein Gang durch die Weltgeschichte (Weimar: Duncker Verlag).(1934)

210. Günther, H. F. K. Die nordische Rasse bei den Indogermanen Asiens (Munich). (1934)

211. Gayre of Gayre, R. *Miscellaneous Racial Studies*, 1943-1972: Volume II (Edinburgh: Armorial).(1972)

212. http://almashriq.hiof.no/turkey/900/950/956/sultans/thumbnails. html

213. *Origin of Caucasoid-Specific Mitochondrial DNA Lineages in the Ethnic Groups of the Altai–Sayan Region* M. V. Derenko, B. A. Malyarchuk and I. A. Zakharov, (2002)

214. Howard-Carter, "The Tangible Evidence for the Earliest Dilmun," Journal of Cuneiform Studies. (1981)

215. *Enmerkar*, lines 25-87, pp. 113-16; lines 124-27, p. 118; lines 196205, pp. 121-22; lines 281-93

216. S. N. Kramer, Sumerians, pp. 272-73.

217. Donnelly, Ignatious. 1882. *Atlantis the Antediluvian World.*

218. Laurence Gardner; Genesis of the Grail Kings, 2001

219. Titcomb, Sarah Elizabeth, Aryan sun-myths the origin of religions; (1889)

220. Tsarion, Michael. *The Irish Origins of Civilization, Volume 1.* Taroscopes (2007)

221. Morris, Charles. *The Aryan Race: its Origin and its Achievements.* Chicago. (1889)

222. Indyke, Dottie. *The History of an Ancient Human Symbol.* (2005)

223. Royal Saskatchewan Museum. 2445 Albert St, Regina, SK S4P 4W7, Canada

224. The Official City Website for Albuquerque, New Mexico

225. Icke, David. *The Biggest Secret.* (1993)

226. Wadell, L.A. *The Phoenician Origins Of Britons,* p 48 (1924)

227. Dupuis's Origin of Religious Belief p. 252 ; also Higgins's Anacalypsis, Vol. II. p. 3

228. Whitney, William Dwight. *Oriental and Linguistic Studies: The Veda; The Avesta; The Science of Language*. London. (1874)

229. Gnaedinger, Franz. *Very Early Calendars*. (2005)

230. Jègues-Wolkiewiez, Chantal. *Sur les chemins étoilés de Lascaux*. La Pierre Philosophale (2011)

231. Giri, Sri Yukteswar. *The Holy Science*. Kaivalya Darsanam (1894)

232. Donelly, Ignatious. *Ragnarok: The Age of Fire and Gravel*. University Books. (1970)

233. Plato. *Timaeus*. (360 BC)

234. Jameson, Anna. *History of our Lord in Art*, Vol. I. (1864)

235. Müller, Friedrich Max. *India: What Can It Teach Us?: A Course of Lectures Delivered Before the University of Cambridge*. Longmans, Green. (1883)

236. Imam Gazzali. *Mysteries of Cleanliness*. From Revival of Religious Learnings DATE: 450 (A.H.) 1058 A.D.- 505 A.H. 1111 A.D. Translated by Fazlul Karim Published by Darul Ishaat Karachi Parkistan

237. von Schwerin, Henric. *European Elements in Afro-Asia*. The Mankind Quarterly. January, (1964)

238. Bernard, Raymond W. From Chrishna to Christ. (1966)

239. Bal Gangadhar Tilak. *The Arctic Home in the Vedas*. (1903)

Imágenes

Figure 1 - Scanned image of *New York Times*, September 29, 1931. Headline reads: "Piltdown Man Marks Dawn of Human Race, Osborn says, Contradicts Present Views"

Figure 2 - SPRINGFIELD REPUBLICAN, Massachusetts, November 22, 1953. "Piltdown Man Named Hoax, Jolts Science"

Figure 3 - Field Museum, Chicago, IL. Artistic display of "Lucy" (Australopithecus). Photo credit: Jovanna Goette

Figure 4 - Image showing complications that may appear during pregnancy concerning blood type.

Figure 5 - Scanned image of a Blood Parrot cichlid

Figure 6 - Yakow (Dzo) carrying goods near Lukla in Nepal. Photo credit: Nuno Nogueira

Figure 7 - This Cama has been created artificially by scientists using artificial insemination.

Figure 8 - In 2004, two grizzly-polar bear hybrid cubs were born at Osnabrück Zoo in Germany. Flickr: Christinas_Fotos

Figure 9 - Captive-bred gray wolf-coyote hybrid, Wildlife Science Center in Forest Lake, Minnesota.

Figure 10 - Diablo the Savannah Cat at Big Cat Rescue

Figure 11 - Wholphin, Sea Life Park Hawaii, Kekaimalu, born from a mating of bottlenose dolphin (mother), and a false killer whale.

Figure 12 - Side view of the Africanized honey bee

Figure 13 - Hercules, 922-Pound Liger, Is The World's Largest Living Cat, the hybrid offspring of a male lion and a tigress, at the Myrtle Beach Safari wildlife preserve in South Carolina.

Figure 14 - Fifteen species of howler monkeys are currently recognized. Previously classified in the family Cebidae, they are now placed in the family Atelidae.

Figure 15 - Found in Czechoslovakia, in 1891, and published in the National Geographic in October 1988. Eight centimeter high male head carved of mammoth ivory dated at 26,000 years BP.

Figure 16 - 30,000 year old Cro-magnon cave art from the Pyrenees

Figure 17 - Left: Star map showing Orion, Taurus, and Pleiades. Right: Cro-magnon cave art depicting a zodiac of stars and constellations.

Figure 18 - Cro magnon cave art from 15,000-30,000 BC

Figure 19 - "Falling Horse" painting by Cro magnon

Figure 20 - Paleolithic bone needles used for sewing during the ice age in Europe.

Figure 21 - 30,000 year old adult male burial in Sungir, Russia. Note the vast array of mammoth ivory beads that would have been attached to the clothing.

Figure 22 - Small ivory figurine of a female bird. Made from the tusk of a mammoth, it was found in 1908 at the Palaeolithic settlement of Mezin near the Russian border. On the torso of the bird is engraved an intricate pattern of joined up swastikas. It's the oldest identified swastika pattern in the world and has been radio carbon-dated to 15,000 years ago. National Museum of the History of Ukraine.

Figure 23 - Pleistocene map showing coast lines with sea levels 400 feet lower, as they were during parts of the ice age.

Figure 24 - Top image: Horse head from Mas d'Azil, about 15 000 BP. Bottom image: Engraved right metatarsal bone of reindeer depicting horse heads, from Le Mas d'Azil. Middle/Upper

Magdalenian, ca 15 000 . Edouard Piette excavations, 1887-1894.

Figure 25 - Scanned image of a map of Atlantis. From *Atlantis, the Antediluvian World*, by Ignatius Donnelly, [1882]

Figure 26 - Scanned image From Le Mas d'Azil. Below the deer is a row of 13 dots, ending in a square.

Figure 27 - Scanned image From Le Mas d'Azil. Below the horse is a row of 29 dots, a lunar cycle.

Figure 28 - Map showing Europe and British Isles.

Figure 29 - Pharaoh before Horus,the Falcon-God. Temple of Sobek and Horus, Kom Ombo. This was one of the "healing" temples, to which pilgrims came to regain their health.

Figure 30 - Scanned image of a map showing the mid-Atlantic ridge, when sea levels were much lower during the ice age.

Figure 31 - Map showing the distribution of Clovis spear point technology. Notice the density is heaviest on the east, compared to the north west, where they supposedly originated from.

Figure 32 - British Museum. "Ginger", 5,500 year old naturally mummified remains, oldest found in Egypt to date.

Figure 33 - Map showing the geographic distribution of Haplotype X, on both sides of the Atlantic ocean.

Figure 34 - Scanned image of Rh negative mother pregnant with an Rh positive fetus.

Figure 35 - Map showing the geographic density of Rh negative people in Europe.

Figure 36 - All Canary Island pyramids are constructed from lava-stones and dated in 19 century AD. Thor Heyerdahl suggested that the structures were not haphazardly piled-up stones and maintained a belief in the hypothesis that the pyramids were connected with Guanches until his death. According to the Heyerdahl theory, even not so ancient Guanches (in 19th century) had an ancient culture of pyramid construction in the type of Mesoamerican pyramids and their knowledge for making pyramids similar in form.

Figure 53 - Male "Cherchen Man" and Female Tarim Mummies, ca. 1800 BCE.

Figure 54 - Female Tarim mummy with blonde braided hair, 1800 BCE.

Figure 55 - Scanned drawing of Genghis Khan

Figure 56 - Photo source: National geographic (June 2014)

Figure 57 - A scanned image of Egyptian Omphalos

Figure 58 - Scanned image of Mayan Long Count calendar

Figure 59 - photo credit: Atlantean Gardens

Figure 60 - The central medallion depicts a bull-slaying scene. Around the border are 12 signs of the zodiac. The sun ('Sol') and moon ('Luna') are depicted in the top corners, the two wind gods in the bottom. The inscription indicates that "Ulpius Silvanus, initiated into a Mithraic grade at Orange, France, paid his vows to Mithras". From Walbrook Mithraeum in Londinium, AD 180-220, Museum of London

Figure 61 - Graph of the Aryan language tree

Figure 62 - King Tut on Chariot. Painting from Tutankhamun's painted chest. Cairo Museum, Egypt.

Figure 63 - Photo Credit: Robert Sepehr

Figure 64 - Lion man of the Hohlenstein Stadel. A lion-headed figurine found in Germany and dating to the Upper Paleolithic. (about 40,000 BCE)

Figure 65 - Right: Scanned image of a Hexagram as part of a Mandala from Tibet. 19th century, Vajrayogini at the center, Rubin Museum of Art. Left: Scanned image of Slavic Swastika

Figure 66 - Robert Sepehr, Pergamon Museum, Berlin, Germany

Figure 67 - Tympanum of St. Trophime portal

Made in the USA
Columbia, SC
26 September 2020